中金所指数期权研究

张树德　周海成　著

中国金融出版社

责任编辑：曹亚豪
责任校对：孙　蕊
责任印制：丁淮宾

图书在版编目（CIP）数据

中金所指数期权研究／张树德，周海成著．—北京：中国金融出版社，2023.5

ISBN 978-7-5220-1989-5

Ⅰ.①中… Ⅱ.①张… ②周… Ⅲ.①金融市场—指数—期权—研究—中国 Ⅳ.①F832.5

中国国家版本馆 CIP 数据核字（2023）第 078876 号

中金所指数期权研究
ZHONGJINSUO ZHISHU QIQUAN YANJIU

出版
发行　中国金融出版社

社址　北京市丰台区益泽路 2 号
市场开发部　（010）66024766，63805472，63439533（传真）
网上书店　www.cfph.cn
　　　　（010）66024766，63372837（传真）
读者服务部　（010）66070833，62568380
邮编　100071
经销　新华书店
印刷　北京九州迅驰传媒文化有限公司
尺寸　169 毫米×239 毫米
印张　10
字数　156 千
版次　2023 年 5 月第 1 版
印次　2023 年 5 月第 1 次印刷
定价　42.00 元
ISBN 978-7-5220-1989-5

前　言

衍生品市场源于现货市场，其风险又高于现货市场，因此，衍生品市场需要高质量低成本的风险管理，我们也是花了很多学费才意识到衍生品精细化风险管理的重要性。

进入21世纪，我们又在国外衍生品交易中交纳了大量学费。例如，2004年中航油新加坡公司放弃套期保值，转变为原油投机，在亏损突破公司净资产时，仍然孤注一掷加大筹码，把衍生品投资变成赌博，最后在巨额亏损中惊恐万分，被迫强行平掉所有空头，损失5.5亿美元，最后中航油新加坡公司不得不资产重组，责任人被判入狱，经理人前途与国有资产受损。2008年11月中信泰富持有的累计澳元期权合约确认巨额亏损，2009年4月荣智健被迫辞去中信泰富董事会主席及董事职务。2020年4月20日中国银行代理客户从事国际原油买卖，被国际投机资金逼仓，导致原油期货合约结算价为-37.63美元/桶，引起国际金融市场一片哗然。国内舆论指责国际投机资金趁机围猎，却少有反思风控能力不足。

在衍生品市场中，我们已交纳的学费不算少，后面还要交纳多少学费却无人知道。类似事件频频发生说明我们还没有掌握衍生品市场风险管理的真谛。衍生品市场风险管理的重要功能并没有得到发挥。实践表明，缺乏高水平投资者，衍生品市场必然变成投机者的乐园。离开高水平的风险管理技术，衍生品市场还会上演众多怪事，最终被取缔也并非不可能。

客观地讲，金融衍生品较股票、债券等基础性金融资产更具风险性。量化交易、高频套利等交易技术的出现与发展为行业提供了发展动力。美国期权市场也是在黑暗的道路上摸索多年才迎来曙光，走上了繁荣的道路。这与他们对衍生品市场不断深入的研究分不开，正是一系列高级的研究报告改变了人们根深蒂固的观念，交易者、交易所、投机者都得到了正规化的理论培育，市场主体的素质得到了提高，这也是衍生品市场发展的规律。

中美博弈给金融市场带来了巨大风险，同时也使得风险管理成为刚需，因此，应杜绝侥幸，实施量化投资，在市场大起大落中找到避风港和安全垫。期权组合可以作为灵活的变形金刚满足投资者独特的风险需求，让投资者安全度过风险存活下来。

我们自2006年以来立足于中国金融市场，一直从事金融衍生品的定价和风险管理研究，所出版的书籍受到了高校和金融机构从业人员的欢迎。本书紧跟期权市场最新发展，以中金所最新发行的沪深300指数期权为研究对象，集结了我们对沪深300指数期权的最新研究成果。

本书共有8章，第1章至第4章由上海市浦东新区行政学院张树德老师撰写，第5章至第8章由上海市浦东新区行政学院周海成老师撰写，由于作者水平有限，书中难免存在一些错误，恳请读者批评指正。

张树德　博士

quafinance@ 126. com

http://option_invest. zuoyb. cn/v. html

2022年9月22日于上海浦东

目录

第1章

期权市场发展历程

1.1 国外期权市场发展历程

美国期权市场经历了多次衰败和兴起，一步步从当初的无法可依进入今天的规范发展阶段。19 世纪后期农产品期权业务在芝加哥兴起，但由于缺乏监管，1874 年被伊利诺伊州法院宣判禁止交易；20 世纪初期权柜台交易兴起，但欺诈之风盛行，通过操纵大宗商品价格来控制期权价格的投机之风盛行，1932 年芝加哥期货交易所崩盘，1936 年美国国会不得不取缔农产品期权交易。

股票期权（或叫个股期权）是最早出现的场内期权合约，1973 年芝加哥期权交易所（CBOE）推出第一批以 16 只个股为标的的期权合约，随后，美国证券交易所（AMEX）于 1974 年、费城证券交易所（PHEX）于 1975 年、太平洋证券交易所（PSE）和中西部证券交易所（MWSE）于 1976 年、纽约证券交易所（NYSE）于 1982 年推出股票期权。

美国是全球最大的股票期权交易中心，交易量居全球之首，占比高达 80%左右，其期权市场产品规模领先于全球市场，有股票类期权超过 3000 只（涵盖了美国大部分股票期权），指数类期权超过 50 只，ETF 类期权超过 250 只，合约周期跨度包括周、月、季度以及年，期权存续期长达3年。

对美国期权发展做出重大贡献的是《南森报告》和《期货和期权交易对经济的影响研究》。1974年12月南森公司就芝加哥期权交易所推出的个股期权对美国资本市场的影响展开研究，其核心结论是期权市场并没有分流资本市场资金，反而在减少投机、降低波动率的同时增加了市场流动性，该结论得到美国证监会的肯定，于是美国证监会放开了对于期权交易的限制，并于1980年撤销了对期权上市的禁令。另外，应美国国会要求，美国期监会、美国证监会和美联储进行了历时三年的联合调研，于1984年形成了《期货和期权交易对经济的影响研究》，该报告充分肯定了期权的经济功能，统一了美国各界对期权价值的认识，时任芝加哥商业交易所（CME）主席、被誉为“金融期货之父”的梅拉梅德专门就此报告进行了权威解读，认可并高度赞扬了该报告的主要结论。他强调，金融期货和期权市场能够提高现货市场流动性，带来增量资金。新的期货和期权合约提高了美联储实施公开市场操作的能力，美国财政部进行债务管理运作的能力也有了相应的提高。该研究还表明，广大投资者也从期权等金融衍生品交易中获得了利益。

期权定价理论的开创始于美国芝加哥大学教授 Fischer Black 和 Myron Scholes 在20世纪70年代发表的《期权定价与公司负债》，其中提出了非常著名的BS期权定价公式。这一公式对金融领域产生了广泛而深远的影响，而且1973年BS期权定价公式发布后，芝加哥期权交易所采用了这一公式。1997年诺贝尔经济学奖授予了 Robert Merton 和 Myron Scholes，以表彰他们在衍生品领域的贡献，此时 Fischer Black 作为BS期权定价公式的创立者已经辞世，因此未能获得诺贝尔经济学奖。

1997年7月，韩国证券期货交易所（KRX）推出KOSPI200股指期权产品，当时其合约乘数为10万韩元，推出首年交易量便达到450

万张。1998年，伴随着亚洲金融危机愈演愈烈，具有良好避险功能的期权成交量快速放大，KOSPI200股指期权当年成交量达到3200余万张，仅次于芝加哥期权交易所（CBOE）。进入21世纪以后，韩国的股指期权交易量稳居全球首位，直到2013年才被印度超越，让出了占据十年的榜首位置。在此期间的2002年、2003年、2004年，其成交量甚至超过全球股指期权成交量的80%。

我国香港的衍生品市场发展较为成熟和完善，1993年推出恒生指数期权，1995年推出首只股票期权，2000年推出盈富基金ETF期权，已经超越澳大利亚成为亚洲最活跃的股票期权市场。期权这个工具也被国际市场广泛采用，其交易规模更是占据了金融衍生品交易的半壁江山。

1.2 我国金融期权市场发展历程

金融期权实质是以金融现货或者金融期货合约为标的的期权，它赋予了投资者在约定期限内按双方约定的价格买入或者卖出一定数量的金融资产的权利。

在我国，期权也经历了曲折的发展过程。2005年8月22日，第一只股改权证在上海证券交易所上市交易，引发市场疯狂追捧；2007年1月中国权证市场超过香港一跃成为全球最大的权证市场，但由于机制不健全，掀起了巨大的投机狂潮，堪比17世纪荷兰的“郁金香泡沫”，最后投资者遭受巨额损失。

尽管权证产品于2005年推出，但市场普遍认为2015年是我国期权元年。2015年1月9日，中国证监会发布《股票期权交易试点管理办法》（证监会令第112号）；2015年2月9日，上证50ETF期权正式在上海证券交易所挂牌上市，这标志着指数ETF期权这一金融衍生工具正式进入中国资本市场。2015年4月16日上证50指数期货和中证500指数期货上市交易，市场做空势力云集，同年7月1日股价大跌，市场充满阴谋论的传言，融资融券产生的泡沫破灭，大量杠杆资金被强平，指数期货成了做空稀缺产品，获得了很高的溢价。2019年12月23日，沪深300ETF期权挂牌上市。经历了7年多的发展，我国期权市场愈发成熟，期权品种上市加快，期权市场规模快速壮大。

截至2022年底，我国共上市110个期货期权品种，其中包括2个股指期权（也叫指数期权）、3个ETF期权以及18个商品期货期权，已覆盖金融、农产品、能化、黑色、有色、贵金属等板块，受众面也越来越大，为投资者提供了更多的投资工具与风险对冲工具。可以预见，在不远的将来我国期权市场将进一步扩容，也将有更多的ETF、指数、商品乃至个股期权品种上市。

2019年底上市的3个期权品种均跟踪沪深300指数和ETF，大多数投资者只会选择一个品种，而交易过上证50ETF期权的投资者可以直接交易沪深300ETF期权，这极大地方便了投资者，因此投资者更愿意交易沪深300ETF期权。此外，随着交易规模的扩大，市场流动性进一步增强，增量资金也更愿意选择沪深300ETF期权，可谓是“强者恒强”。

金融期权经过7年多的发展，市场交投非常活跃，市场流动性充足，大资金也逐渐参与到这个市场中来，从而形成一个正向循环，整体规模愈发庞大。2021年第一季度我国股指期权市场总成交量累计达到3.37亿多张，同比增长约11.22%。其中，上证50ETF期权仍是投资者最喜爱的交易品种，占市场总成交量的近五成。目前，沪深300指数成分股包含上证50指数成分股和很多成长性白马股，其中上证50指数更偏重大盘蓝筹股。虽然沪深300ETF期权和股指期权上市仅仅三年多，但交投规模已经超过上证50ETF期权。这表明投资者对成长性白马股的风险管理需求超过大盘蓝筹股，因此需要更多风险管理工具。

国内关于期权的研究始于 2000 年前后，崔晓健、邢精平（2007）两位专家对韩国股指期权市场进行了研究，他们认为韩国期权市场发展对我国具有很大的借鉴意义，而且韩国期权市场在优化投资者结构、改善股票市场波动质量、指导国家金融市场资金政策、减少投机力量对市场的控制等方面会带来实质性变化。

此外，外汇衍生品也开始推广。2022 年 5 月 20 日，国家外汇管理局发布《关于进一步促进外汇市场服务实体经济有关措施的通知》，新增人民币对外汇普通美式期权、亚式期权及其组合产品，开放合作办理人民币外汇掉期业务等。

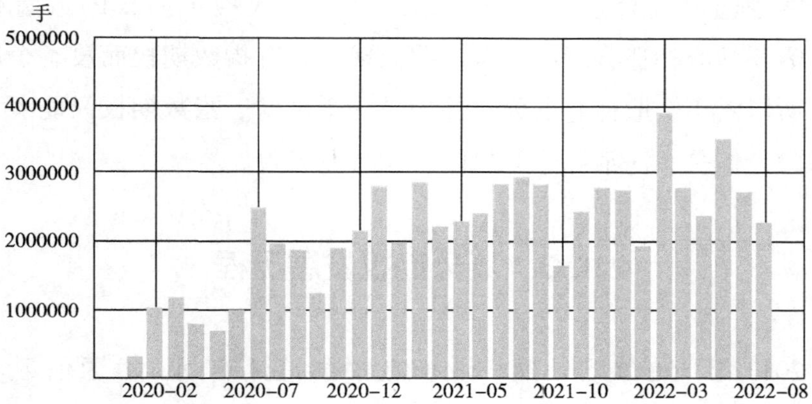

图 1.1　沪深 300 指数期权月度持仓汇总

从图 1.1 可以看出，沪深 300 指数期权持仓量自 2020 年 7 月以来一直持续稳定在 200 万手以上，2022 年 2 月 24 日俄乌冲突全面爆发，受此影响，沪深 300 指数大幅下跌，大量避险资金涌入期权市场，导致沪深 300 指数期权持仓量激增。

衍生品风险巨大，既可以作为风险工具，又可以作为与市场博弈的工具，因而具有广阔的市场。我国金融衍生品市场起步于高质量改革开放的新时代，金融衍生品已经成为各类资产风险管理的标准配置，金融衍生工具对于资产风险管理而言就是为其提供保险，保费就是衍生工具价格，如果保费过低则发行金融衍生工具的主体就会出现亏损，如果保费过高则购买金融衍生工具的投资者会遭受损失。因此，期权价格是买卖双方博弈和权衡的结果。期权投资策略非常灵活，牛市价差和熊市价差能够为期权组合提供足够的保护，因此保险费的支付便成为焦点。沪深300指数期权还存在种种限制，对于大资金的保护是不够的。

期权是灵活的衍生品，期权合理配置的前提是认清期权价格形成机理，期权风险管理功效的发挥取决于投资者对其性能的了解程度，如什么情况下持有现货不如持有期权多头，如何从期权的多个执行价格中选出最合适的执行价格，这些都依赖于期权的数量化分析，需要精心构造合理的组合。我们现在只有指数期权而没有个股期权，所以对于个股持仓的风险保护是一个难题。指数期权只能对冲市场风险，但是无法消除个股风险或者行业风险。

1.3 场外期权发展历程

2013年，首单场外期权业务在中国悄然启动，由国信证券推出，仅对金融机构开放。场外期权常配有“私人定制”“个性化服务”等标签，为大量存在避险需求的实体产业服务，操作简单、资金占用少，兼具投机和套保两种功能。

近年来，券商场外衍生品业务发展迅猛。中国证券业协会的数据显示，截至2021年末，场外期权存量名义本金规模为9906.5亿元，全年累计新增36310.66亿元，同比增长39.41%，场外期权业务新增初始名义本金2695.02亿元，较上期增长484.02亿元，环比增长21.89%。从2022年6月的场外期权交易商名单来看，一级交易商仅有8家，全部为头部券商；二级交易商共有38家，海通国际预计

2023 年券商场外权益衍生品业务合计收入为 348 亿元，到 2032 年将达到 821 亿元。

目前，场外期权仅能由机构投资者参与，中国证券业协会 2020 年 9 月 25 日发布的《证券公司场外期权业务管理办法》规定，场外期权交易对手方应是专业机构投资者，一种是法人、合伙企业或者其他组织参与的，要满足最近一年末净资产不低于 5000 万元、金融资产不低于 2000 万元，且具有 3 年以上证券、基金、期货、黄金、外汇等相关投资经验的要求，简称“532”；另一种是资产管理机构代表产品参与的，要满足最近一年末管理的金融资产规模不低于 5 亿元，且具备 2 年以上金融产品管理经验，同时产品规模不低于 5000 万元人民币的要求，简称“552”。

1.4 我国期权市场监管情况

市场风险包含趋势性风险和大幅波动的风险。如果市场大幅波动，投资者会遭受极大损失。趋势性风险可以通过期货市场规避，因为期货可以对冲趋势性风险，但是期货对于日常风险没有免疫力，而期权是精细的风险管理工具，期权合约较期货更加丰富，品种很多，可满足不同需求，不同到期日、不同执行价格、买权或卖权的不同变量以及杠杆性可以用各种方式组合在一起，包括同标的资产组合在一起，从而创造出不同的策略，以满足不同交易和投资目的，这使得期权成为比期货更为重要的金融衍生工具，也成为创造金融产品大厦的基础性构件。期权具有灵活性和可变通性，能激发市场的创新能力，引发交易所、金融机构等进行一系列创新。因此，期权被大量应用于各类产品创新，成为各种结构化产品的基本构成要素。

2021 年 2 月 1 日，证监会核准中国国际金融股份有限公司（以下简称中金公司）成为股票期权业务做市商。截至 2022 年 8 月 5

日，证监会批准了8家一级交易商、36家二级交易商共44家证券公司的期权交易商资格，同时对一二级交易商的业务范围进行了划分。一级交易商应当在沪深交易所开立场内个股对冲交易专用账户，直接开展对冲交易。二级交易商仅能与一级交易商进行场内个股对冲交易，不得自行或与一级交易商之外的交易对手开展场内个股对冲交易，且应确保其与对手方和一级交易商分别达成的个股期权合约挂钩标的、合约期限、合约名义本金、收益结构等交易要素基本保持一致。

期权市场极易成为利益输送的通道，而埋单的是广大投资者，因此期权市场需要进行规范才能得到发展。2022年6月2日，因华泰证券股份有限公司（以下简称华泰证券）部分场外期权合约个股挂钩标的超出当期融资融券范围，未对部分期限小于30天的场外期权合约出具书面合规意见书，违反了《证券公司场外期权业务管理办法》第二十条的规定，而且场外期权业务相关内部制度不健全，内部流程执行不规范，未按要求进行衍生品准入管理，证监会决定对华泰证券采取责令改正的行政监督管理措施。另外，因中信建投的1笔场外期权合约股票指数挂钩标的超出规定公司，中金公司的1笔场外期权合约对手方为非专业机构投资者，证监会决定对它们采取出具警示函的行政监督管理措施。

2022年8月8日，一则“多名公募基金经理违规参与场外期权交易被带走”的传言引发关注，这是因为个股期权极易成为基金经理的利益输送通道。利益相关者掌握了上市公司内部信息，可在消息披露前利用期权设立“老鼠仓”，提前大量低价买入深度虚值期权，待消息兑现后获得收益离场。这种方式杠杆率更高，手法更加隐蔽。作为一种对冲手段，场外期权能够增加资本市场吸引力，有利于满足不同投资者的需求。但若有基金经理违法参与，则会损害金融市场秩序和股民利益。

由于衍生品市场不成熟，监管缺失，期权极易被妖魔化。有些人把期权称为大规模杀伤性金融武器，认为金融衍生品就是“潘多拉魔盒”，认定衍生品市场会导致金融动荡，是拖垮全球经济的罪魁祸首。实际上，衍生品工具仅仅是价值衍生于标的资产的供买卖双方交易的金融合约，经济学家席勒把期权归纳得简简单单——期权就是支付权利金，如果事件如期发生，可以获得收益。衍生品不是金融市场的问题而是解决问题的方案。如果摒弃衍生品工具，将使我们裹足不前。

1.5 期权投资案例

1.5.1 中信泰富期权投资

中信泰富曾经是恒生指数成分股，其大股东是央企中信集团，在香港股市中信泰富既属于蓝筹股又属于红筹股。2006 年中信泰富与澳大利亚采矿公司签订合约，以 4.15 亿美元价格收购两个铁矿项目。除了这些资本开支，在项目进行的 25 年内，每年还要投入至少 10 亿澳元，很多设备和投入都必须以澳元来支付。为降低澳元升值的风险，中信泰富于 2008 年 7 月与 13 家银行共签订了 24 款外汇累计期权合约，对冲澳元、欧元及人民币升值影响，其中澳元合约占绝大部分。

由于合约只考虑对冲相关外币升值的影响，没有考虑相关外币贬值的可能，在国际金融危机迫使澳大利亚减息并引发澳元下跌的情况下，2008 年 10 月 20 日中信泰富发布公告，称因澳元贬值跌破锁定汇价，澳元累计认购期权合约公允价值损失约 147 亿港元；11 月 14 日中信泰富发布公告，称中信集团将提供总额为 15 亿美元的备用信贷，用于重组外汇衍生品合同的部分债务义务，中信泰富将发行等值的可换股债券，用来替换上述备用信贷。据香港《文汇报》报道，随着澳元持续贬值，中信泰富因外汇累计期权已亏损 186 亿港元。截至 2008 年 12 月 5 日，中信泰富股价收于 5.80 港元，在一个多月内市值缩水超过 210 亿港元。

1.5.2 中航油新加坡公司期权投资

中国航油（新加坡）股份有限公司（以下简称中航油新加坡公司）成立于 1993 年，是中央直属大型国企中国航空油料控股有限责任公司的海外子公司，2001 年在新加坡交易所主板上市，成为中国首家利用海外自有资产在国外上市的中资企业。在总裁陈久霖的带领下，中航油新加坡公司从一个濒临破产的贸易型企业发展为工贸结合的实体企业，业务从单一进口航油采购扩展到国际石油贸易，净资产从 1997 年起步时的 21.9 万美元增长为 2003 年的 1 亿多美元，总资产近 30 亿元，可谓“买来个石油帝国”，一时成为资本市场的明星。但 2004 年 11 月 29 日，由于石油期权交易产生巨额亏损，申请破产保护。

同样是被外资采用非正常手段逼仓，青山控股则迥然不同。2022 年 2 月俄乌冲突全面爆发，市场担心俄镍出口可能因制裁而受阻，从而导致价格上涨，2022 年 3 月 7 日伦敦金属交易所镍期货价格从 2.977 万美元/吨上涨到 5.03 万美元/吨，最高上涨到 10.1365 万美元/吨，青山控股浮亏超过 120 亿美元。次日，伦敦金属交易所宣布 3 月 8 日交易全部取消，镍价拉回 7 日水平。青山控股遭遇逼仓却能化险为夷，依赖于伦敦金属交易所积极协调各个交易相关者达成一致意见，这和其被港交所控股不能说没有关系，说明随着我国经济实力的增强，我国企业不再被动接受国际金融事件的处理结果，而是主动寻求保护自身金融利益。

1.5.3 巴菲特使用期权购买股票

1993 年 4 月，巴菲特看好可口可乐公司股票，但是并没有从市场直接购进，而是以每份 1.5 美元的价格卖出 500 万份当年 12 月到期、行权价格为 35 美元的认沽期权，当时可口可乐的股价是 40 美元左右。

如果 1993 年 12 月可口可乐公司的股价在 35 美元以上，没人会愿意用 35 美元/股的价格出售股票，那么这份期权合约将作废，巴菲特可以免费获得 750 万美元（1.5 美元/份×500 万份）权利金。但如果股价低于 35 美元，巴菲特就必须按照 35 美元/股的价格买入 500 万股可口可乐公司股票，也实现了持有可口可乐公司股票的目标，同时因为卖出期权可收到每份 1.5 美元的权利金，比直接从市场购买更划算。

第 2 章

指数到期日效应研究

2.1　指数走势特征

2.1.1　指数收益率基本特征

本章主要研究沪深 300 指数到期日效应，选取的时间区间起点为 2021 年 1 月 5 日，终点为 2022 年 7 月 1 日。

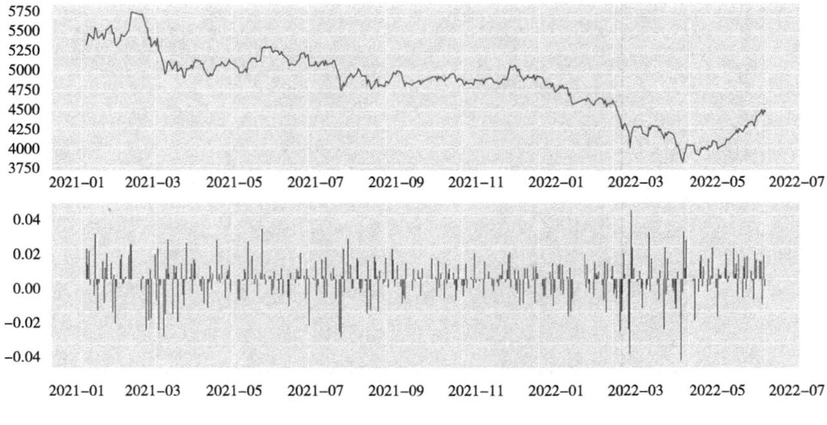

图 2.1　沪深 300 指数与对数收益率

从图 2.1 可以看出，自 2021 年初开始沪深 300 指数进入下降通道，在 2022 年 5 月探底后反弹。其间经历了激烈的中美贸易摩擦、俄乌冲突、全球物价上涨阶段。美国为缓解日益严峻的通货膨胀而剧烈加息，美元纷纷流入美国，全球面临美元荒，美元汇率大幅上扬，日元、欧元、英镑汇率大幅贬值，带动中国证券市场跟跌。

我们所选用的收益率为对数收益率，即

$$r_t = \ln P_t - \ln P_{t-1}$$

期权波动率定义如下：

$$\sigma_t = r_t^2$$

需要说明的是，我们的期权波动率与通常文献中所定义的波动率是不一样的。通常文献把正态分布作为刻画随机波动的前提，但是正态分布中的波动率是不可观察的，只能通过估计获得。

偏度与峰度是衡量股票价格异常情况的指标，可通过选择不同时间的偏度与峰度来说明收益率变化。偏度小于零，分布左偏，尾巴在左边；偏度大于零，分布右偏，尾巴在右边，中位数小于分位数。峰度可反映分布的尖锐程度，峰度越大越陡峭，峰度越小越平缓。

偏度是中心三阶矩，其计算公式如下：

$$\frac{1}{n-1}\sum_{t=1}^{n}(x_t - \bar{x})^3 / SD^3$$

其中，SD 是标准差。

峰度是中心四阶矩，其计算公式如下：

$$\frac{1}{n-1}\sum_{t=1}^{n}(x_t - \bar{x})^4 / SD^4 - 3$$

从2021年1月到2022年7月，市场总体处于牛熊转换阶段，2021年市场热点在赛道股票，如宁德时代、药明康德、隆基股份、贵州茅台等高市盈率大型龙头股。大型股票（如工商银行、建设银行、农业银行）市盈率低且指数分化很厉害，热门股的资金虹吸现象很明显，这是因为热门股是大盘股，大盘股上涨需要大量的资金推动，这些资金就来自边缘板块，很多冷门股资金涌向热门股板块。

表 2.1　沪深 300 指数收益率的峰度与偏度

时间起点	时间终点	交易日	均值	方差	偏度	峰度	状态
2021-01-05	2022-07-01	319	−0.00024	0.01239	0.472	4.885	右偏
2021-01-05	2022-01-01	241	−0.00016	0.01078	−0.239	1.145	左偏
2022-01-05	2022-07-01	117	−0.00066	0.01567	0.783	4.165	右偏

从表 2.1 沪深 300 指数收益率的峰度与偏度可以看出，收益率并不是正态分布的，不同时间段的峰度和偏度不同。

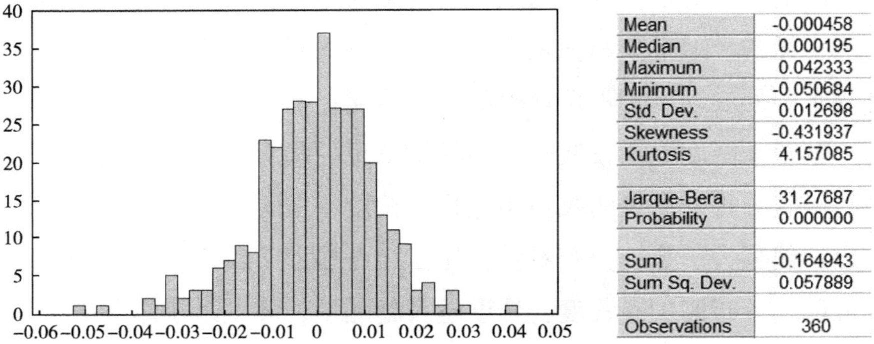

图 2.2　沪深 300 指数收益率柱状图[①]

将图 2.2 与 2021 年 1 月 5 日到 2022 年 7 月 1 日的股价走势图进行比较可以看出，沪深 300 指数大幅变动十分频繁。下面考察自相关性，如图 2.3 所示。

---

① 时间区间为 2021 年 1 月 1 日至 2022 年 7 月 1 日。

Date: 10/14/22 Time: 14:46
Sample: 1/05/2021 7/01/2022
Included observations: 360

	AC	PAC	Q-Stat	Prob
1	-0.019	-0.019	0.1336	0.715
2	-0.017	-0.018	0.2423	0.886
3	-0.095	-0.096	3.5560	0.314
4	0.017	0.013	3.6577	0.454
5	-0.085	-0.088	6.2890	0.279
6	-0.012	-0.025	6.3435	0.386
7	-0.003	-0.005	6.3479	0.500
8	0.012	-0.006	6.4035	0.602
9	-0.024	-0.026	6.6138	0.677
10	0.035	0.026	7.0616	0.720
11	-0.015	-0.018	7.1458	0.787
12	0.034	0.030	7.5759	0.817
13	-0.020	-0.013	7.7215	0.861
14	-0.049	-0.057	8.6282	0.854
15	0.045	0.055	9.4064	0.855
16	-0.016	-0.023	9.5061	0.891
17	0.072	0.071	11.482	0.830
18	-0.015	-0.005	11.571	0.869
19	0.021	0.012	11.735	0.897
20	-0.036	-0.017	12.220	0.908

图 2.3 沪深 300 指数自相关检验

从图 2.3 可以看出，沪深 300 指数存在 3 阶、5 阶自相关，说明收益率存在自相关性。时间序列模型都是以时间序列平稳为前提，因此需要进行单位根检验。如果时间序列是平稳的，说明不存在单位根；如果没有通过单位根检验，则时间序列就不是平稳的，需要处理后才能建模。

ADF 检验的公式如下：

$$\Delta X_t = \alpha + \sigma \Delta X_{t-1} + \sum_{i=1}^{m} \beta_i \Delta X_t + \in_t$$

如果零假设 H_0：$\sigma = 0$ 成立，说明存在单位根，时间序列非平稳。如果零假设 H_0：$\sigma < 0$ 成立，说明时间序列属于平稳序列。

我们先对沪深 300 指数进行平稳性检验，从保护原假设的角度出发，我们给出如下的原假设 H_0 与备选假设 H_1：

H_0：非平稳，存在单位根。 H_1：平稳，不存在单位根。

Null Hypothesis: RET has a unit root
Exogenous: Constant
Lag Length: 0 (Automatic - based on SIC, maxlag=16)

		t-Statistic	Prob.*
Augmented Dickey-Fuller test statistic		-19.32141	0.0000
Test critical values:	1% level	-3.448363	
	5% level	-2.869374	
	10% level	-2.571011	

*MacKinnon (1996) one-sided p-values.

Augmented Dickey-Fuller Test Equation
Dependent Variable: D(RET)
Method: Least Squares
Date: 10/14/22 Time: 14:40
Sample (adjusted): 1/06/2021 7/01/2022
Included observations: 359 after adjustments

Variable	Coefficient	Std. Error	t-Statistic	Prob.
RET(-1)	-1.019183	0.052749	-19.32141	0.0000
C	-0.000521	0.000670	-0.777175	0.4376

R-squared	0.511171	Mean dependent var	-6.42E-05
Adjusted R-squared	0.509802	S.D. dependent var	0.018125
S.E. of regression	0.012690	Akaike info criterion	-5.890449
Sum squared resid	0.057490	Schwarz criterion	-5.868815
Log likelihood	1059.336	Hannan-Quinn criter.	-5.881846
F-statistic	373.3170	Durbin-Watson stat	2.005525
Prob(F-statistic)	0.000000		

图 2.4　沪深 300 指数单位根检验结果

从图 2.4 可以看出，原假设被拒绝了，因此序列是平稳的。

表 2.2　沪深 300 指数收益率描述性统计和单位根检验结果

均值	−0.000458
标准差	0.012698
最大值	0.042333
最小值	−0.050684
偏度	−0.431937
峰度	4.157085
JB 统计量	31.27687
ADF 统计量	−19.32141
ADF 统计量 P 值	0.00***

从表 2.2 可以看出，沪深 300 指数收益率通过了 ADF 检验。下面

对收益率进行建模，我们选用的是 GARCH（1，1）模型。

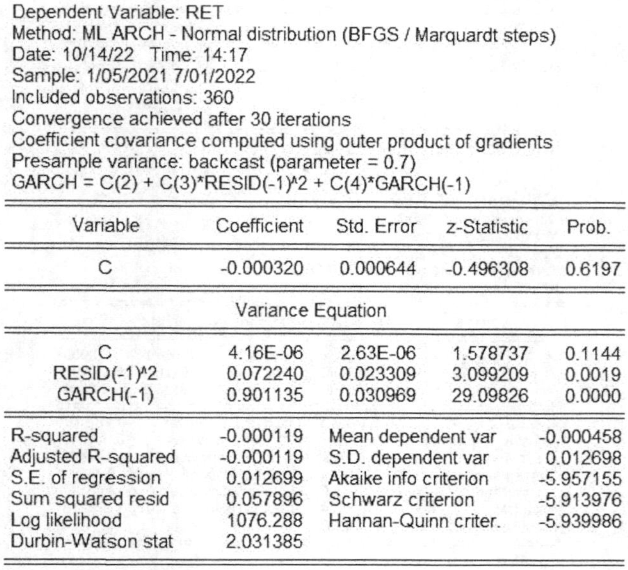
Dependent Variable: RET
Method: ML ARCH - Normal distribution (BFGS / Marquardt steps)
Date: 10/14/22 Time: 14:17
Sample: 1/05/2021 7/01/2022
Included observations: 360
Convergence achieved after 30 iterations
Coefficient covariance computed using outer product of gradients
Presample variance: backcast (parameter = 0.7)
GARCH = C(2) + C(3)*RESID(-1)^2 + C(4)*GARCH(-1)

Variable	Coefficient	Std. Error	z-Statistic	Prob.
C	-0.000320	0.000644	-0.496308	0.6197
Variance Equation				
C	4.16E-06	2.63E-06	1.578737	0.1144
RESID(-1)^2	0.072240	0.023309	3.099209	0.0019
GARCH(-1)	0.901135	0.030969	29.09826	0.0000

R-squared	-0.000119	Mean dependent var	-0.000458
Adjusted R-squared	-0.000119	S.D. dependent var	0.012698
S.E. of regression	0.012699	Akaike info criterion	-5.957155
Sum squared resid	0.057896	Schwarz criterion	-5.913976
Log likelihood	1076.288	Hannan-Quinn criter.	-5.939986
Durbin-Watson stat	2.031385		

图 2.5 沪深 300 指数收益率 GARCG 检验结果

由图 2.5 可知，AIC 值是-5.957155，SC 值为-5.913976，SSE 值为 0.057896，则均值方程如下：

$$r_t = -0.000320 + \in_t$$

方差方程如下：

$$\sigma_t^2 = 0.00000416 + 0.072240 \in_t^2 + 0.901135\sigma_{t-1}^2$$

从上述方程可以看出，波动率是相关的。

2.1.2 沪深 300 指数波动率方程

下面我们对沪深 300 指数波动率展开研究，先判断收益率序列是否平稳，以排除存在单位根的情况。

Null Hypothesis: W has a unit root
Exogenous: Constant
Lag Length: 1 (Automatic - based on SIC, maxlag=16)

		t-Statistic	Prob.*
Augmented Dickey-Fuller test statistic		-10.06692	0.0000
Test critical values:	1% level	-3.448414	
	5% level	-2.869396	
	10% level	-2.571023	

*MacKinnon (1996) one-sided p-values.

Augmented Dickey-Fuller Test Equation
Dependent Variable: D(W)
Method: Least Squares
Date: 07/31/22 Time: 13:46
Sample (adjusted): 1/07/2021 7/01/2022
Included observations: 358 after adjustments

Variable	Coefficient	Std. Error	t-Statistic	Prob.
W(-1)	-0.678757	0.067424	-10.06692	0.0000
D(W(-1))	-0.188490	0.052099	-3.617896	0.0003
C	0.000109	1.84E-05	5.912836	0.0000

R-squared	0.438810	Mean dependent var	-1.85E-07
Adjusted R-squared	0.435649	S.D. dependent var	0.000375
S.E. of regression	0.000282	Akaike info criterion	-13.50441
Sum squared resid	2.81E-05	Schwarz criterion	-13.47189
Log likelihood	2420.290	Hannan-Quinn criter.	-13.49148
F-statistic	138.7924	Durbin-Watson stat	1.979213
Prob(F-statistic)	0.000000		

图 2.6　沪深 300 指数波动率单位根检验结果

由图 2.6 可知，ADF 值是 -10.06692，说明检验结果是显著的，否定了单位根存在的可能，即沪深 300 指数波动率不存在单位根。下面考察自相关性。

Date: 10/14/22 Time: 14:28
Sample: 1/05/2021 7/01/2022
Included observations: 360

Autocorrelation	Partial Correlation		AC	PAC	Q-Stat	Prob
		1	-0.019	-0.019	0.1336	0.715
		2	-0.017	-0.018	0.2423	0.886
		3	-0.095	-0.096	3.5560	0.314
		4	0.017	0.013	3.6577	0.454
		5	-0.085	-0.088	6.2890	0.279
		6	-0.012	-0.025	6.3435	0.386
		7	-0.003	-0.005	6.3479	0.500
		8	0.012	-0.006	6.4035	0.602
		9	-0.024	-0.026	6.6138	0.677
		10	0.035	0.026	7.0616	0.720
		11	-0.015	-0.018	7.1458	0.787
		12	0.034	0.030	7.5759	0.817
		13	-0.020	-0.013	7.7215	0.861
		14	-0.049	-0.057	8.6282	0.854
		15	0.045	0.055	9.4064	0.855
		16	-0.016	-0.023	9.5061	0.891
		17	0.072	0.071	11.482	0.830
		18	-0.015	-0.005	11.571	0.869
		19	0.021	0.012	11.735	0.897
		20	-0.036	-0.017	12.220	0.908

图 2.7　沪深 300 指数波动率相关性检验结果

从图 2.7 可以看出收益率波动性存在自相关性，相关系数为正，说明大的波动率后面是大波动率，小的波动率后面是小波动率。

2.2　指数到期日效应研究综述

到期日效应是指衍生品到期时现货价格收益率、波动率与成交量异常加大的现象。国外学者 Samuelson（1965）首次研究了到期日临近时，期货合约自身价格的波动与时间之间的关系，并提出了著名的"萨缪尔森假设"（Samuelson Hypothesis），即期货合约价格波动率将随着到期日接近而变大，这是学术界首次研究金融衍生品到期日效应。后来，学术界围绕到期日现象的内涵、期货市场是否存在到期日现象以及到期日现象产生的原因展开了很多研究。

关于到期日现象产生的原因有很多解释，如套利者获利离场导致产生市场波动，对于期指市场而言，到期是采用现金交割方式。"三重巫时间"（Triple Witching Hour）是指美国 20 世纪 80 年代早期与中期出现的，于季月第三个星期五，当股指期货、指数期权、股票期权同时到期时，最后 1 小时出现异常交易量的现象。

我国证券市场于 2010 年 4 月 16 日推出沪深 300 指数的股指期货，合约月份为当月、下月、随后两个季月，价格日为当月第三个星期五。我国股指期货市场是否存在到期日效应，引起了各方密切关注，毕竟到期日现象广泛存在于期货市场与现货市场，到期日效应属于市场半强性。国内研究主要围绕以下三个问题展开：现货成交量是否发生变化，现货价格波动率是否加大，以及是否会造成市场价格扭曲。

李琼、肖祖沔（2015）对中国市场的到期日现象进行了研究，他们利用我国证券市场 2010 年 5 月至 2014 年 4 月的数据进行实证检验，发现我国现货市场股价波动率在到期日显著增加，但并不存在显著的成交量增加和价格扭曲现象，我国市场的到期日现象比较温和，他们将原因归结为在到期日当天收盘前两小时平均价格为结算价这种完善的结算制度，以及到期月份多。何汕媛（2012）研究了沪深300指数的到期日效应，其以IF1109合约为样本，自2011年8月15日开始每隔5分钟采集一次价格数据，结论是价格方面没有发现结算日效应。顾金、叶德磊（2011）对沪深300指数的1分钟数据进行了采样，时间区间为2010年12月17日到2011年6月30日，总计130个交易日，样本总数为31460个，结果发现在到期日成交量并没有放大，反而在临近收盘的两个小时有所减少，成交价格也未出现异常，他们将其归结为周末效应，结论是成交量与成交价格均没有出现到期日效应。林祥友、代宏霞、甘雨婕（2015）的研究表明股指期货市场存在明显的到期日效应和日历效应，他们选取的时间区间为沪深300指数推出时间2010年4月16日到2014年4月18日，以日级别数据为样本。郭大朋、陈丽、殷思宇、黄海荣（2013）认为没有到期日效应，他们选择的时间区间为2010年7月1日到2011年12月31日，这期间有18个股指期货品种到期，数据指标为20个成分股的开盘价、收盘价、收盘前30分钟价格。

关于到期日效应，一般认为临近到期日时，市场主体会调整到期日的期货、现货操作策略，从而导致市场交易量、交易价格、交易波动率的变化。

一是套利者导致到期日效应。正向套利者卖出进而压低现货价格，反向套利者买入进而拉高现货价格。二是投机者导致到期日效应。市场多数交易者是投机者，预期价格上涨时买入，预期价格下跌时卖出。合约临近到期面临结算时，短线交易者非常活跃，积极追求交易机会。三是市场操纵者导致到期日效应。股指期货的结算价最终由现货价决定，因此一部分资金量大的投资者会在到期日打压股价或者拉抬股价，从而控制最后结算价格。皇佐铭（2005）对摩根台股指数期货进行了实证分析，结果表明现货市场在最后 30 分钟、最后 15 分钟会受到外资控制，而且外资前四日买入或者卖出现货，到期日前卖出或者买入现货，到期日尾盘 30 分钟开始操纵现货价格。

套期保值者在到期日也有转仓的需求。境外的一项研究指出，在到期日避险交易行为会使得市场波动明显增强。套期保值者也可能提早转仓，将即将到期的期货合约平仓并建立新套保头寸。套期保值者的提前转仓有助于降低到期日的波动。因此，到期日效应不见得一定发生在到期日，有时出现在临近到期日，真正到期日头寸调整为零，这是因为到期日期权价格清零，投资者需要调整仓位。

2.3 到期日效应非参数检验

这里使用到期日成交量、波动率和价格扭曲指标均值是否异于对照组这些指标的 t 检验，以及非参数的 Mann-Whitney/Wilcoxon 秩和检验。

假设样本母体相同，零假设为 H_0：$\mu=\mu_0$，备选假设为 H_1：$\mu\neq\mu_0$，也有单侧假设，如果总体方差未知，则有

$$T=\frac{|\bar{X}_1-\bar{X}_2|}{\sqrt{\frac{(n_1-1)S_1^2+(n_2-1)S_2^2}{(n_1+n_2-2)}\left(\frac{1}{n_1}+\frac{1}{n_2}\right)}}\sim t(n_1+n_2-2)$$

此时，S 为样本的标准差。

首先，建立假设，确定检验水平 α。

$$H_0: \mu=\mu_0 \quad H_1: \mu\neq\mu_0$$

其次，计算统计量。

$$S_C^2=\frac{(n_1-1)S_1^2+(n_2-1)S_2^2}{(n_1+n_2-2)}$$

$$T=\frac{|\bar{X}_1-\bar{X}_2|}{\sqrt{S_C^2(\frac{1}{n_1}+\frac{1}{n_2})}}，自由度 \upsilon=n_1+n_2-2$$

最后，查询相应界值，确定 P 值，根据 P 值确定是否拒绝零假设 H_0。

关于样本是否属于同一母体以及非参数的 Mann-Whitney/Wilcoxon 秩和检验，先把 $X_1, X_2, X_3, \cdots, X_m$ 和 $Y_1, Y_2, Y_3, \cdots, Y_n$ 两个样本混合起来，样本总数是 $m+n$，按照从小到大的顺序排列。

$$Z_1<Z_2<Z_3<Z_4<\cdots<Z_{m+n}$$

如果 H_0 为真，那么 $X_1, X_2, X_3, \cdots, X_m$ 和 $Y_1, Y_2, Y_3, \cdots, Y_n$ 均匀混合在样本中。用 R_i 表示 Y_i 在混合样本中的秩，秩和 $\sum R_i$ 很小，表明样本 Y 偏小，我们可以怀疑 Y 来自与 X 不同的样本，如果秩和足够小，我们就可怀疑样本是不同的，同时使用 Wilcoxon 秩和统计量 $W_Y=\sum R_i$ 来判断是否取自同一母体。

$$W_X=\sum_{i=1}^{m}R_i,\quad W_Y=\sum_{i=1}^{n}R_i$$

如果样本 X 的秩大部分都小于样本 Y 的秩，则表明 X 样本值偏小，我们就有理由怀疑两个样本不同，从而拒绝零假设 H_0。W_X 与 W_Y 都可以作为检验统计量，我们选择 W_X 与 W_Y 中较小的作为统计量。

$$W=\min(W_X, W_Y)$$

此时，称 W 为 Wilcoxon 秩和统计量。也可以使用其他统计量，如假设 U 是 W_{XY} 与 W_{YX} 中的较小者，即

$$W_{XY}=\sum_{i=1}^{n}\sum_{j=1}^{m}I(X_j<X_i),\ W_{YX}=\sum_{j=1}^{m}\sum_{i=1}^{n}I(X_i<X_j)$$

$$U=\min(W_{XY}, W_{XY})$$

此时，U 称为 Mann-Whitney 统计量，如果 H_0 成立，W_{XY} 与 W_{YX} 差别不大，U 不会太小，如果 U 太小，我们就可以怀疑 H_0 不成立。

实际上，检验统计量 W 和 U 是等价的，两者之间相差一个线性变化，统称为 Wilconxon-Mann-Whitney 统计量，简称 WMW 统计量。

表 2.3 WMW 假设检验表

备择假设	检验统计量	P 值
$H_1: M_X > M_Y$	W_{XY} 或者 W_Y	P（K<k）
$H_1: M_X < M_Y$	W_{YX} 或者 W_X	P（K<k）
$H_1: M_X \neq M_Y$	—	2P（K<k）

2.3.1 收益率到期日效应

如果存在到期日现象，那么到期日指数价格会异于平常，指数收益率也会发生异常上涨或者下跌，由此引起收益率指标和波动率指标的变化。我们选择非到期日星期五样本数据作为对照组，这样样本组（到期日组）与对照组的数据均来自同一指数，这两组数据日期都是周末，样本组是第三个星期五的数据，而对照组是星期五且非到期日，除了到期日不同外，到期日组和对照组其他都相同。我们选择的时间区间为 2021 年 1 月到 12 月 31 日，样本组描述性统计如表 2.4 所示。

表 2.4 到期日收益率描述性统计

指标	均值	中位数	最大值	最小值	标准差	Skewness	Kurtisis
成交量	0. 022782	0. 021277	0. 263015	−0. 190388	0. 100201	0. 2333	−0. 3475

注：样本总量为 50 个，其中，到期日组 12 个，对照组 38 个。

从表 2.4 可以看出，收益率序列并不严格服从正态分布，则应先检查对照组与样本组均值是否相等，具体检验结果如图 2.8 所示。

Method	df	Value	Probability
t-test	48	1.017458	0.3140
Satterthwaite-Welch t-te...	17.39576	0.977219	0.3419
Anova F-test	(1, 48)	1.035222	0.3140
Welch F-test*	(1, 17.3958)	0.954958	0.3419

*Test allows for unequal cell variances

Analysis of Variance

Source of Variation	df	Sum of Sq.	Mean Sq.
Between	1	0.000130	0.000130
Within	48	0.006039	0.000126
Total	49	0.006169	0.000126

Category Statistics

Variable	Count	Mean	Std. Dev.	Std. Err. of Mean
RET2	38	-0.000836	0.011011	0.001786
RET3	12	-0.004615	0.011881	0.003430
All	50	-0.001743	0.011220	0.001587

图 2.8　收益率均值检验结果

从图 2.8 中的均值 t 检验可以看出，不能拒绝原假设，说明从收益率来看，不存在到期日效应。下面进行中位数检验，采用了两种方法，Wilcoxon/Mann-Whitney 检验结果如图 2.9 所示。

Test for Equality of Medians Between Series
Date: 08/28/22 Time: 13:40
Sample: 1/04/2021 12/31/2021
Included observations: 243

Method	df	Value	Probability
Wilcoxon/Mann-Whitney		0.670109	0.5028
Wilcoxon/Mann-Whitney (tie-adj.)		0.670109	0.5028
Med. Chi-square	1	0.438596	0.5078
Adj. Med. Chi-square	1	0.109649	0.7405
Kruskal-Wallis	1	0.464396	0.4956
Kruskal-Wallis (tie-adj.)	1	0.464396	0.4956
van der Waerden	1	0.704165	0.4014

Category Statistics

Variable	Count	Median	> Overall Median	Mean Rank	Mean Score
RET2	38	-0.003264	18	26.28947	0.062844
RET3	12	-0.001076	7	23.00000	-0.199006
All	50	-0.002741	25	25.50000	-3.55E-17

图 2.9　样本组到期日中位数检验结果

从图 2.9 可以看出，样本组与对照组 H_0 假设没有被拒绝，采用 Mann-Whitney /Wilcoxon 秩和检验，可保证结果稳定性。方差检验结果如图 2.10 所示。

Test for Equality of Variances Between Series
Date: 08/28/22 Time: 13:42
Sample: 1/04/2021 12/31/2021
Included observations: 243

Method	df	Value	Probability
F-test	(11, 37)	1.164297	0.6878
Siegel-Tukey		0.670109	0.5028
Bartlett	1	0.097622	0.7547
Levene	(1, 48)	0.478458	0.4925
Brown-Forsythe	(1, 48)	0.282284	0.5977

Category Statistics

Variable	Count	Std. Dev.	Mean Abs. Mean Diff.	Mean Abs. Median Diff.	Mean Tukey-Siegel Rank
RET2	38	0.011011	0.008474	0.008282	26.28947
RET3	12	0.011881	0.009993	0.009602	23.00000
All	50	0.011220	0.008838	0.008599	25.50000

Bartlett weighted standard deviation: 0.011216

图 2.10 方差相同检验

从方差来看，没有拒绝原假设，所以收益率也不存在到期日效应。综上所述，对于沪深 300 指数，收益率不存在到期日效应，表 2.5 展示了到期日组与对照组对比结果。

表 2.5 到期日组与对照组描述性统计结果对比

指标	检验对象	到期日组	对照组	统计量	检验值	P 值
R	均值	−0.004615	−0.000836	t 检验	1.017458	0.3410
	方差	0.011881	0.011011	F 检验	1.164297	0.6878
	中位数	−0.001067	−0.003264	WMW 检验	0.670109	0.5028

注：t 检验的自由度为 48，两种检验的零假设为到期日组的指标均值（中位数）与对照组无差异。

2.3.2 成交量到期日效应

从成交量的角度研究到期日效应，应检验到期日统计量是否异常，描述性统计如表 2.6 所示。

表 2.6 成交量描述性统计

指标	均值	中位数	最大值	最小值	标准差	Skewness	Kurtisis
成交量	0.0234	0.000862	0.2099	−0.1271	0.1119	0.3453	1.8421

成交量序列均值检验结果如图 2.11 所示。

Test for Equality of Means Between Series
Date: 09/08/22 Time: 10:21
Sample: 1/04/2021 12/31/2021
Included observations: 243

Method	df	Value	Probability
t-test	48	-0.018985	0.9849
Satterthwaite-Welch t-te...	16.94477	-0.017900	0.9859
Anova F-test	(1, 48)	0.000360	0.9849
Welch F-test*	(1, 16.9448)	0.000320	0.9859

*Test allows for unequal cell variances

Analysis of Variance

Source of Variation	df	Sum of Sq.	Mean Sq.
Between	1	3.83E-06	3.83E-06
Within	48	0.509406	0.010613
Total	49	0.509409	0.010396

Category Statistics

Variable	Count	Mean	Std. Dev.	Std. Err. of Mean
RET2	38	0.022782	0.100201	0.016255
RET3	12	0.023430	0.111972	0.032324
All	50	0.022938	0.101961	0.014420

图 2.11 成交量序列均值检验结果

从成交量序列来看，没有拒绝原假设，所以均值不支持到期日效应。图 2.12 展示的是中位数检验结果。

Test for Equality of Medians Between Series
Date: 08/29/22 Time: 18:10
Sample: 1/04/2021 12/31/2021
Included observations: 243

Method	df	Value	Probability
Wilcoxon/Mann-Whitney		0.056789	0.9547
Wilcoxon/Mann-Whitney (tie-adj.)		0.056789	0.9547
Med. Chi-square	1	0.000000	1.0000
Adj. Med. Chi-square	1	0.109649	0.7405
Kruskal-Wallis	1	0.004644	0.9457
Kruskal-Wallis (tie-adj.)	1	0.004644	0.9457
van der Waerden	1	4.54E-05	0.9946

Category Statistics

Variable	Count	Median	> Overall Median	Mean Rank	Mean Score
RET2	38	0.021277	19	25.57895	-0.000505
RET3	12	0.000862	6	25.25000	0.001598
All	50	0.021183	25	25.50000	2.78E-18

图 2.12　成交量序列中位数检验结果

从图 2.12 可以看出，没有拒绝原假设，因此不存在到期日效应。成交量序列方差检验结果如图 2.13 所示。

Test for Equality of Variances Between Series
Date: 08/29/22 Time: 18:12
Sample: 1/04/2021 12/31/2021
Included observations: 243

Method	df	Value	Probability
F-test	(11, 37)	1.248746	0.5830
Siegel-Tukey		0.511100	0.6093
Bartlett	1	0.210703	0.6462
Levene	(1, 48)	0.349084	0.5574
Brown-Forsythe	(1, 48)	0.322534	0.5727

Category Statistics

Variable	Count	Std. Dev.	Mean Abs. Mean Diff.	Mean Abs. Median Diff.	Mean Tukey-Siegel Rank
RET2	38	0.100201	0.079886	0.079850	26.10526
RET3	12	0.111972	0.091413	0.091159	23.58333
All	50	0.101961	0.082652	0.082564	25.50000

Bartlett weighted standard deviation: 0.103018

图 2.13　成交量序列方差检验结果

从图 2.13 可以看出，没有拒绝零假设，因此没有明显的到期日效应。

表 2.7　成交量描述性统计检验结果

指标	检验对象	到期日组	对照组	统计量	检验值	P 值
成交量	均值	0. 0234	0. 02278	t 检验	-0. 01898	0. 9849
	方差	0. 1119	0. 10020	F 检验	1. 2487	0. 5830
	中位数	0. 0008	0. 02127	WMW 检验	0. 0567	0. 9547

总体来看，不论是收益率还是成交量，都不存在到期日效应，这个结论和李琼、肖祖沔（2015）的结论基本相同。李琼、肖祖沔（2015）通过分析 2010 年 5 月到 2014 年 4 月的数据研究了到期日效应，发现现货市场在到期日波动率显著增加，并不存在成交量和价格扭曲现象。

2. 3. 3　流动性到期日效应

关于流动性指标分析，借鉴杨朝军（2008）的研究，使用单位时间内成交量变化引起的股价波动性作为衡量标准。流动性指标 $liqud_t$ 定义如下：

$$liqud_t = \frac{H_t - L_t}{V_t}$$

其中，H_t 代表 t 时刻的指数最高价，L_t 代表 t 时刻的指数最低价，V_t 表示 t 时刻的指数成交量，我们还是选用日收盘数据，但不使用对数收益率，流动性指标的描述性统计如表 2. 8 所示。

表 2.8　流动性指标描述性统计

指标	均值	中位数	最大值	最小值	标准差	Skewness	Kurtisis
流动性	81. 9425	69. 61	120. 57	50. 27	25. 5820	0. 3722	1. 4640

从表 2. 8 可以看出，流动性指标不是标准的正态分布，样本组和对照组是否相同需要进行检验。

Test for Equality of Means Between Series
Date: 09/08/22 Time: 08:54
Sample: 1/04/2021 12/31/2021
Included observations: 243

Method	df	Value	Probability
t-test	48	-1.039919	0.3036
Satterthwaite-Welch t-te...	20.52176	-1.105193	0.2819
Anova F-test	(1, 48)	1.081431	0.3036
Welch F-test*	(1, 20.5218)	1.221451	0.2819

*Test allows for unequal cell variances

Analysis of Variance

Source of Variation	df	Sum of Sq.	Mean Sq.
Between	1	849.0688	849.0688
Within	48	37686.47	785.1348
Total	49	38535.54	786.4396

Category Statistics

Variable	Count	Mean	Std. Dev.	Std. Err. of Mean
RET2	38	72.29368	28.70523	4.656604
RET3	12	81.94250	25.58200	7.384888
All	50	74.60940	28.04353	3.965954

图 2.14 流动性指标样本组和对照组的均值是否相同检验结果

关于流动性指标样本组和对照组的中位数是否相同检验结果如图 2.15 所示。

Test for Equality of Medians Between Series
Date: 09/08/22 Time: 09:01
Sample: 1/04/2021 12/31/2021
Included observations: 243

Method	df	Value	Probability
Wilcoxon/Mann-Whitney		1.033557	0.3013
Wilcoxon/Mann-Whitney (tie-adj.)		1.033557	0.3013
Med. Chi-square	1	0.438596	0.5078
Adj. Med. Chi-square	1	0.109649	0.7405
Kruskal-Wallis	1	1.091847	0.2961
Kruskal-Wallis (tie-adj.)	1	1.091847	0.2961
van der Waerden	1	1.119365	0.2901

Category Statistics

Variable	Count	Median	> Overall Median	Mean Rank	Mean Score
RET2	38	66.14000	18	24.28947	-0.079234
RET3	12	69.61000	7	29.33333	0.250908
All	50	67.10000	25	25.50000	-2.66E-17

图 2.15 流动性指标样本组和对照组的中位数是否相同检验结果

从图 2.15 可以看出，样本组和对照组的中位数没有显著区别，其方差是否相同检验结果如图 2.16 所示。

Test for Equality of Variances Between Series
Date: 09/08/22 Time: 09:04
Sample: 1/04/2021 12/31/2021
Included observations: 243

Method	df	Value	Probability
F-test	(37, 11)	1.259079	0.7111
Siegel-Tukey		0.624677	0.5322
Bartlett	1	0.208864	0.6477
Levene	(1, 48)	0.029489	0.8644
Brown-Forsythe	(1, 48)	0.000186	0.9892

Category Statistics

Variable	Count	Std. Dev.	Mean Abs. Mean Diff.	Mean Abs. Median Diff.	Mean Tukey-Siegel Rank
RET2	38	28.70523	22.02288	21.36526	24.76316
RET3	12	25.58200	22.95625	21.27750	27.83333
All	50	28.04353	22.24689	21.34420	25.50000

Bartlett weighted standard deviation: 28.02026

图 2.16 流动性指标样本组与对照组的方差是否相同检验结果

从图 2.16 可以看出，样本组和对照组的方差没有差异，也就是说，从流动性指标的方差看不存在到期日效应。

表 2.9 流动性指标描述性统计

指标	检验对象	到期日组	对照组	统计量	检验值	P 值
流动性	均值	81.9425	72.2936	t 检验	-1.0399	0.3036
	方差	69.61	66.14	F 检验	1.0335	0.3031
	中位数	25.5820	28.7052	WMW 检验	1.2590	0.7111

我们把收益率、成交量、流动性三个指标的检验结果汇总到表 2.10 中。

表 2.10 到期日效应的参数、非参数检验结果

指标	检验对象	到期日组	对照组	统计量	检验值	P 值
收益率	均值	-0.004615	-0.000836	t 检验	1.017458	0.3410
	方差	0.011881	0.011011	F 检验	1.164297	0.6878
	中位数	-0.001067	-0.003264	WMW 检验	0.670109	0.5028

续表

指标	检验对象	到期日组	对照组	统计量	检验值	P 值
成交量	均值	0.0234	0.02278	t 检验	-0.01898	0.9849
	方差	0.1119	0.10020	F 检验	1.2487	0.5830
	中位数	0.0008	0.02127	WMW 检验	0.0567	0.9547
流动性	均值	81.9425	72.2936	t 检验	-1.0399	0.3036
	方差	69.61	66.14	F 检验	1.0335	0.3031
	中位数	25.5820	28.7052	WMW 检验	1.2590	0.7111

综上所述，沪深 300 指数的收益率指标、成交量指标、流动性指标均没有通过显著性检验，也就是说，没有明显的到期日效应。

2.4 到期日效应回归检验

2.4.1 收益率到期日效应回归检验

为了检查现货交易量是否会因为股指期货期权到期日而发生异常，使用现货平滑性方法来进行回归检验，其中加入虚拟变量，我们采用的是 Illueca 和 Lafuente（2006）的方法，关于到期日效应的模型如下：

$$R_t = \alpha + \beta_1 D_1 + \sum_{k=1}^{p} \gamma_k R_{t-k} \varepsilon_t$$

其中，R_t 为 t 时刻的收益率，D_1 是虚拟变量，到期日取值为 1，其他为 0，通过检验 D_1 系数的显著性判断是否存在到期日效应。其判断标准如下。

$$D_1 = \begin{cases} 1 & \text{到期日} \\ 0 & \text{其他} \end{cases}$$

检验结果如图 2.17 所示。

Dependent Variable: RET
Method: Least Squares
Date: 10/21/22 Time: 05:24
Sample (adjusted): 1/06/2021 12/31/2021
Included observations: 241 after adjustments

Variable	Coefficient	Std. Error	t-Statistic	Prob.
C	-0.000122	0.000773	-0.158167	0.8745
D1	-0.004515	0.003470	-1.301018	0.1945
RET(-1)	-0.008100	0.064319	-0.125942	0.8999

R-squared	0.007079	Mean dependent var	-0.000345
Adjusted R-squared	-0.001265	S.D. dependent var	0.011697
S.E. of regression	0.011704	Akaike info criterion	-6.045391
Sum squared resid	0.032602	Schwarz criterion	-6.002012
Log likelihood	731.4696	Hannan-Quinn criter.	-6.027914
F-statistic	0.848360	Durbin-Watson stat	2.006557
Prob(F-statistic)	0.429407		

图 2.17 收益率虚拟变量分析

从图 2.17 可以看出，收益率不存在自相关，D_1 并不显著，所以收益率序列不存在到期日效应。

2.4.2 成交量到期日效应回归检验

我们对成交量进行平滑性检验，其结果如图 2.18 所示。

Dependent Variable: VRET
Method: Least Squares
Date: 10/21/22 Time: 05:28
Sample (adjusted): 1/06/2021 12/31/2021
Included observations: 241 after adjustments

Variable	Coefficient	Std. Error	t-Statistic	Prob.
C	-0.004713	0.008292	-0.568387	0.5703
D1	0.031992	0.037169	0.860708	0.3903
VRET(-1)	-0.242748	0.062812	-3.864698	0.0001

R-squared	0.061063	Mean dependent var	-0.002562
Adjusted R-squared	0.053172	S.D. dependent var	0.128921
S.E. of regression	0.125447	Akaike info criterion	-1.301500
Sum squared resid	3.745384	Schwarz criterion	-1.258120
Log likelihood	159.8307	Hannan-Quinn criter.	-1.284023
F-statistic	7.739023	Durbin-Watson stat	2.046816
Prob(F-statistic)	0.000554		

图 2.18 成交量虚拟变量分析结果

从图 2.18 可以看出，成交量一阶自回归存在显著相关性，D_1 并不显著，但没有到期日效应。

2.4.3 流动性到期日效应回归检验

沪深 300 指数流动性指标到期日回归检验结果如图 2.19 所示。

Dependent Variable: LIQUD
Method: Least Squares
Date: 10/21/22 Time: 05:11
Sample (adjusted): 1/05/2021 12/31/2021
Included observations: 242 after adjustments

Variable	Coefficient	Std. Error	t-Statistic	Prob.
C	3.41E-07	3.10E-08	10.98095	0.0000
D1	5.53E-08	5.04E-08	1.098053	0.2733
LIQUD1	0.250923	0.062773	3.997323	0.0001

R-squared	0.066142	Mean dependent var	4.59E-07
Adjusted R-squared	0.058328	S.D. dependent var	1.75E-07
S.E. of regression	1.70E-07	Akaike info criterion	-28.32520
Sum squared resid	6.90E-12	Schwarz criterion	-28.28194
Log likelihood	3430.349	Hannan-Quinn criter.	-28.30777
F-statistic	8.463810	Durbin-Watson stat	2.112174
Prob(F-statistic)	0.000281		

图 2.19 流动性指标虚拟变量到期日检验结果

从图 2.19 可以看出，D_1 并不显著，不存在到期日效应。我们把收益率、成交量、流动性到期日效应的回归检验结果进行汇总，如表 2.11 所示。

表 2.11 回归检验结果汇总

指标			系数	检验值	P 值
收益率	到期日	D_1	−0.004515	−1.301018	0.1945
	自回归	*Ret*	−0.008100	−0.125943	0.8999
成交量	到期日	D_1	0.031992	0.860708	0.3903
	自回归	*Vret*（−1）	0.242748	−3.864698	0.0001***
流动性	到期日	D_1	0.0000000553	1.098053	0.2733
	自回归	*Liqud*（−1）	0.250923	3.997323	0.0001***

注：自回归阶数为一阶。

从表 2.11 可以看出，收益率指标自回归检验没有到期日效应，成交量指标只存在自相关而没有到期日效应，流动性指标自回归检验没有到期日效应。

蔡向辉（2010）综述了到期日效应，发现大多数研究支持交易量存在到期日效应，但是本章研究并没有发现成交量存在到期日效应。大多数研究也不支持价格到期日效应，这与本章的研究结果相同。关于流动性指标到期日效应，文献存在分歧，如 Stoll、Whaley（1986，1987）对 S&P500 指数进行了研究，认为流动性指标存在到期日效应，Chamberlain、Cheung 和 Wan（1989）研究加拿大市场后也认为流动性指标存在到期日效应，但本章研究不支持流动性指标存在到期日效应。

2.5 中美博弈对金融市场的影响

2.5.1 超越与反制

样本期间属于中美激烈博弈阶段，其间出现了大量重大事件，美国为了维护霸权地位，发动对中国的经济战争，这场战争是人类发展史上规模最大的经济战争。内容主要是美国联合欧洲及日本、韩国等发达国家对中国发起全方位贸易战争，演绎了仅次于世界军事大战的经济战争。美国对中国发起了多轮经济攻击，中国则针锋相对发起反击，美国的金融战是因，其他国家的金融市场动荡是果，属于对美国金融市场的回应。

中美博弈是 21 世纪的修昔底德陷阱，即守成国家与新兴国家斗争的常态，这也是继美苏争霸、20 世纪 80 年代日本崛起之后第三次对美国霸权发起挑战。美国非常用心地动用政治力量干预中国的经济，各个国家也在关注内部经济发展的同时抢抓外部机遇。

中国资本市场规模相对于美国要小很多，中国股市受到美国股市较大影响，因此中国股市处于不利地位。多轮冲击后，产业牢固的链条开始松动甚至脱钩。自中美贸易摩擦开始以来，每个消息都具有震撼性：2018 年 4 月美国政府宣布将对 500 亿美元的中国进口商品加征 25%关税；7 月 11 日宣布对 2000 亿美元的中国进口商品加征 10%关税；9 月 18 日宣布对 2000 亿美元的中国进口商品加征 10%关税；2019 年 1 月 1 日起加征关税税率提高到 25%。

表 2.12 第二次世界大战后经济战汇总

事件	阶段	结果
美苏争霸	1945—1970 年	军备竞赛，经济上与美国分庭抗礼
	1970—1980 年	苏联经济建设停滞不前，重视重工业，轻视轻工业，经济建设成果没有惠及全体人民
	1981—1991 年	经济改革失败导致苏联解体
美欧经济战	1945 年	美国经济在马歇尔计划扶持下开始恢复
	1970—1990 年	欧洲经济腾飞
	1999 年 1 月 1 日	欧元诞生，美国发动科索沃战争控制欧洲经济
	2000 年至今	欧洲互联网革命滞后，高福利增加制造业成本，产品革新滞后，制造业优势逐渐被中国为首的东亚国家取代
美日经济战	1950—1957 年	朝鲜战争刺激日本工业兴起，美日纺织品大战
	1957—1991 年	美日钢铁战、彩电战、汽车战、半导体战；土地价格上涨使得日本成本优势丧失
	1991 年至今	日本人口老龄化，互联网革命失败，产业外移导致空心化
中美博弈	1978—2000 年	美苏争霸、伊拉克战争为中国赢得与美国和平共处战略机遇期；承接世界产业转移，经济迅速腾飞
	2001—2017 年	中国加入 WTO，外贸增加，成为世界制造中心，抓住互联网信息巨大变革机遇，提升产业能级，完成产业创新，同时土地价格上涨削弱制造业成本优势
	2018 年至今	美国在以 5G 为代表的物联网革命中落伍，金融霸权推高制造业成本

中美贸易摩擦爆发于 2018 年。一方面，中国成为全球第一贸易大国，中国制造被世界认可，因此，中国成为世界工业品生产国。中国作为工程师最多的国家，在产业的两端开始发力，并向高利润的高端制造业实现产业升级，将在一定程度上动摇美国和欧洲的经济基

础，因为之前美国、欧洲、日本等发达地区长期占据这块领域，并以此支撑起欧洲高福利社会。另一方面，中国从加工组装到产品设计、市场营销、品牌推广，不断蚕食发达国家的市场份额，一定程度上造成了发达国家的产业空心化和失业，因此中国产业崛起遭到了发达国家的激烈经济抵抗，这是中美博弈的经济背景。

中美博弈经历了三个阶段。第一阶段是2018年到2021年底，主要集中在经贸领域，美国对中国进口商品加征高额关税，中国也对美国进口商品加征关税。第二阶段始于2021年拜登对中国进行产业限制，限制高端芯片产业与中国的联系，同时组织欧洲、日本、韩国对中国实施高科技封锁，试图建立漫长战线。但由于战线过长，加上低估了中国的经济实力，高估了美国国力，引起多个国家的反对，制裁名存实亡。这些国家借助中国实现了产业升级，不愿丧失中国市场。第三阶段是中国反击美国贸易围堵。表2.13是2018年以来中美博弈的三个阶段相关说明。

表2.13　中美博弈三个阶段

<table>
<tr><th>事件</th><th>时间</th><th>标志性事件</th></tr>
<tr><td rowspan="2">中美贸易摩擦</td><td>2018年</td><td>关税摩擦，限制高科技产品出口</td></tr>
<tr><td>2020年</td><td>新冠疫情暴发</td></tr>
<tr><td rowspan="2">美国围堵中国</td><td>2021年</td><td>维持高额关税，组织西方国家围攻中国</td></tr>
<tr><td>2022年</td><td>俄乌冲突，插手中国台湾事务，干预中国经济安全</td></tr>
<tr><td rowspan="2">中国反击美国贸易围堵</td><td rowspan="2">2022年2月至今</td><td>部分欧洲资本和制造业外移中国。俄乌冲突动摇欧洲经济安全，欧洲与美国利益分歧加大</td></tr>
<tr><td>制造业成本增加，产品竞争力下降，急于与中国加强经贸联系，以帮助其摆脱困境</td></tr>
</table>

2.5.2　中美金融市场概况

改革开放以来，我国对西方经济理论经历了从顶礼膜拜到困惑不解再到困惑消除三个阶段。这并不奇怪，如同外来宗教一样，任何外来理论在中国落地生根都要经历本土化过程。金融市场是西方舶来品，在我国由政府主导，对于衍生品具有“柑橘效应”。政府干预市场的前提是政府配置水平高于市场，或者为市场设定边界，担任市场的秩序维护者，但是政府干预会产生逆向选择者，也就是规则的套利者，这些套利者在政府和市场之间来回套利，因此市场也会成为权力变现的场所。既然政府这只有形的大手要强力干预市场，那么市场中的很多力量就会爬到这只手上，研究政府的行为，并与政府绑定成为政府决策的一部分，甚至试图影响调控的方向，使其朝着符合自己利益的方向运行，成为阻碍市场发展的力量。

证券市场置身于国内外环境中，外部的信息传递到股市，会引起股市的各种反应，股市规模越小，反应越强烈，比如美股大跌会引起A股的跟跌。中美博弈使得政治风险加剧，而且相互加码制裁力度频度，例如美国蓄意挑起台海动荡，既加剧了危机发生的概率，也扰乱了资本市场稳定发展。

大国崛起之下国际矛盾交织在一起，这些矛盾必然会在证券市场中体现出来，将使证券市场的风险管理功能变成利益博弈之所在，外部风险传到股市，股市会放大此种风险，特别在中美博弈的背景下，企业的资产负债表十分难看。

中美博弈给我国金融市场造成了很大风险。美国不断释放制裁信息冲击中国金融市场，由于中美两国在金融业方面的差距还是很大的，中国金融安全受到威胁。这种影响外溢到金融市场，使我国金融市场成为风险的汇聚之地，也使投资者承担了很大的风险。

中国金融市场面临空前的压力，因此对市场主体的认识需要突破和深化。如果让自由经济理论主导当前金融市场，就会片面追求市场有效性，而忽视金融市场普惠性。中美博弈影响下中国金融市场崛起与科技企业崛起目标高度一致，而且美国企图扰乱我国金融市场发展的用心不会改变。20世纪80年代中期，美国联合西方国家逼迫日本签订《广场协议》，强迫日元升值，导致日本金融市场在20世纪90年代房地产泡沫破裂后一蹶不振。美国搞垮日本金融市场的手段值得我们警惕。

2.5.3 中美博弈与证券市场风险

对于沪深300指数，我们选择的时间区间是2021年1月4日到2022年7月1日。

从沪深300指数价格和收益率看，这一时间段内总体趋势是下跌的，背景正是中美激烈博弈。美国政府利用产业优势对我国进行封锁，意图通过对中国商品征收高额关税让一批产业转移出中国，从而达到遏制中国的目的。

2021年，我国金融市场总体上是年初下跌、中间平稳、年底期指开始下跌。2022年，受俄乌冲突爆发、美国加息影响，国内股市大幅下跌。表2.14汇总了2021年以来的重大相关新闻及评价。

表2.14 重大相关新闻及评价

日期	内容	评价
2021年1月1日	英国宣布脱欧	中性
2021年1月18日	国家统计局宣布2020年GDP突破100万亿元	中性
2021年2月15日	中国首次成为欧盟最大贸易伙伴	中性
2021年6月	大宗商品价格快速上涨，恒大发生债券违约	负面
2021年9月23日	美国强迫芯片公司提供客户信息，引起市场担心恐慌	负面
2021年9月24日	多个微信群传恒大向政府求救	负面
2021年12月6日	人民银行下调存款准备金率0.5个百分点	正面
2021年12月8日	中央经济工作会议召开	正面
2021年12月20日	LPR下调	正面

2022年上半年，受俄乌冲突影响，世界局势不稳，资本安全感缺失，纷纷抛售证券资产，寻找安全资金避风港，加之疫情扩散，国内人员流动，商品流通受阻，导致国内股市大幅下跌，表2.15汇总

了 2022 年上半年影响财经的重大事件。

表 2.15 2022 年上半年财经重大事件

日期	内容	评价
2022 年 2 月	俄乌冲突传闻	负面
2022 年 2 月 4 日	北京冬奥会开幕	中性
2022 年 2 月 20 日	北京冬奥会结束	中性
2022 年 2 月 24 日	俄乌冲突爆发，西方对俄罗斯启动多轮制裁	负面
2022 年 3 月 1 日	世界经济萧条预测发布	负面
2022 年 3 月 11 日	上海疫情暴发	负面
2022 年 3 月 16 日	美联储升息 25 个基点	负面
2022 年 4 月	中国产业批量转移新闻	负面
2022 年 5 月 4 日	美联储升息 50 个基点	负面
2022 年 6 月	芯片需求减少，价格大幅下跌，中国手机销量下降 15%	负面
2022 年 6 月 1 日	上海疫情基本结束	正面
2022 年 6 月 15 日	美联储升息 75 个基点	负面

2022 年上半年国内外发生了很多大事，其中俄乌冲突超出预期，持续了很长时间，中间爆出各种传闻，一直占据财经新闻的头版，对我国股市产生了很大冲击，导致沪深 300 指数大幅下跌。

2.5.4 沪深 300 指数与标普 500 指数走势比较

我们选择的样本时间窗口是 2020 年 1 月 2 日至 2022 年 2 月 18 日，其间发生了很多重大事件。例如，2020 年春节前夕新冠肺炎疫情暴发，造成社会恐慌，导致金融市场动荡，恐慌气氛弥漫。随后在政府救市政策指引下，沪深 300 指数开始大幅反弹，2021 年 1 月沪深 300 指数创出新高，但实际上这是很不理智的，由高价股带动沪深 300 指数上涨，脱离了股市基本面，高价股的市盈率和股价都领先于低价股，形成了高价股泡沫，医药龙头基金经理甚至成立了粉丝会，追捧高价股，导致低价股失血，每当高价股创出新高时低价股都大幅下跌。很明显，市场存量资金捉襟见肘，低价股资金流到高价股。沪深 300 指数随后一直横盘，年底开始跳水。同期标普 500 指数很快走出一条上升通道，在年底创出新高。

图 2.20　沪深 300 指数与标普 500 指数走势

从图 2.20 可以看出，标普 500 指数的走势比较平稳，沪深 300 指数则波动较大。我们以共有交易日作为样本，非共有交易日数据不进入样本，共得到 486 个交易日的数据。沪深 300 指数与标普 500 指数描述性统计如图 2.21 所示。

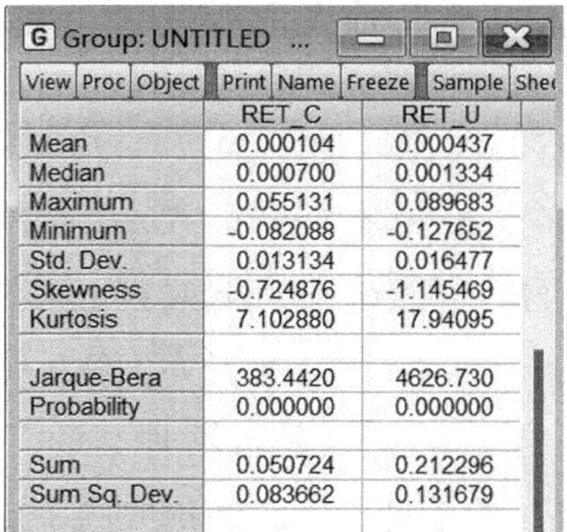

Group: UNTITLED ...

View | Proc | Object | Print | Name | Freeze | Sample | Shee

	RET_C	RET_U
Mean	0.000104	0.000437
Median	0.000700	0.001334
Maximum	0.055131	0.089683
Minimum	-0.082088	-0.127652
Std. Dev.	0.013134	0.016477
Skewness	-0.724876	-1.145469
Kurtosis	7.102880	17.94095
Jarque-Bera	383.4420	4626.730
Probability	0.000000	0.000000
Sum	0.050724	0.212296
Sum Sq. Dev.	0.083662	0.131679
Observations	486	486

图 2.21　沪深 300 指数与标普 500 指数描述性统计

图 2. 21 中，RET_C 是沪深 300 指数描述性统计，RET_U 是标普 500 指数描述性统计，从统计结果看，标普 500 指数收益率的标准差大于沪深 300 指数，沪深 300 指数收益率与标普 500 指数收益率的偏度都小于 0，收益率都左偏，长尾在左，呈尖峰态。标普 500 指数的峰度为 17. 94，沪深 300 指数的峰度是 7. 10，标普 500 指数收益率分布尖峰更加明显。图 2. 12 展示了沪深 300 指数收益率与标普 500 指数收益率的分布对比。

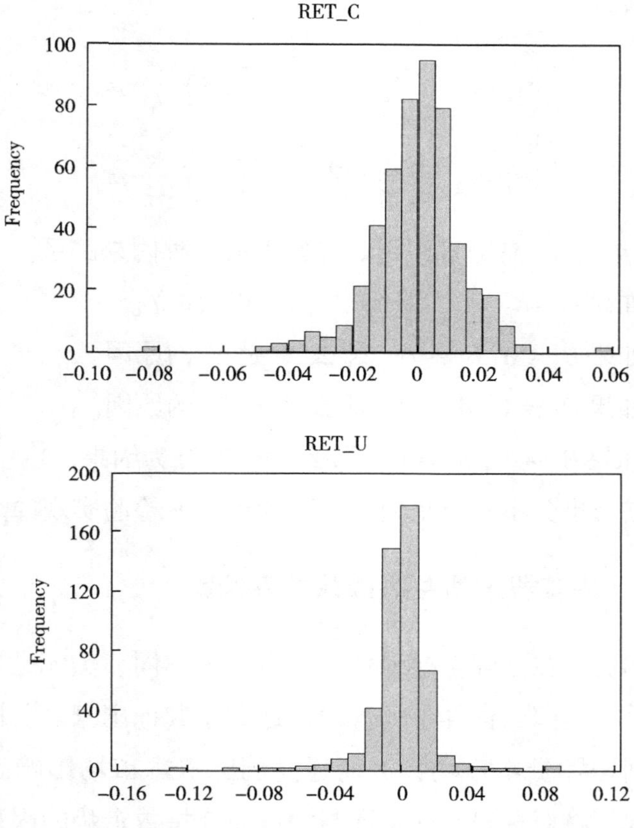

图 2. 22　沪深 300 指数收益率与标普 500 指数收益率分布对比

图 2. 22 上部是沪深 300 指数收益率分布图，下部是标普 500 指数收益率分布图，可以看出，沪深 300 指数收益率分布比较分散，而

标普 500 指数收益率分布比较集中，也就是说，标普 500 指数走势要么小动要么大动。

描述性统计与指数走势显示出矛盾的一面，指数走势表明标普 500 指数更加稳定，但是描述性统计显示标普 500 指数方差更大。

2.5.5 格兰杰因果关系检验

格兰杰因果关系检验是用于检验两个变量之间因果关系的一种常用方法。我们假设

$$\begin{cases} X_t = c_1 + \sum_{j=1}^{p} \alpha_j X_{t-j} + \sum_{j=1}^{q} \beta_j Y_{t-j} + \mu_{1t} \\ Y_t = c_2 + \sum_{j=1}^{p} \gamma_j Y_{t-j} + \sum_{j=1}^{q} \delta_j X_{t-j} + \mu_{2t} \end{cases}$$

其中，μ_{1t}、μ_{2t} 是噪音序列。检验下面四种因果关系。

（1）如果 $\beta_j = \delta_j = 0$，那么 X_t、Y_t 相互独立。

（2）如果 $\beta_j = 0, \delta_j \neq 0$，那么 X_t 是 Y_t 的原因。

（3）如果 $\beta_j \neq 0, \delta_j = 0$，那么 Y_t 是 X_t 的原因。

（4）如果 $\beta_j \neq 0, \delta_j \neq 0$，那么 Y_t、X_t 互为因果。

格兰杰因果关系检验是通过受到约束的 F 检验实现的。

2.5.6 中美股市格兰杰因果关系检验

中国和美国在国际金融地位上存在很大不同，美元是世界最主要的结算货币，美国的证券市场规模远远高于其他国家，美国政府财经政策影响到国际资本市场，进而通过国际资本市场影响我国资本市场。下面我们将对标普 500 指数与沪深 300 指数走势的因果关系进行检验，时间区间是 2020 年 1 月 2 日到 2022 年 2 月 18 日。

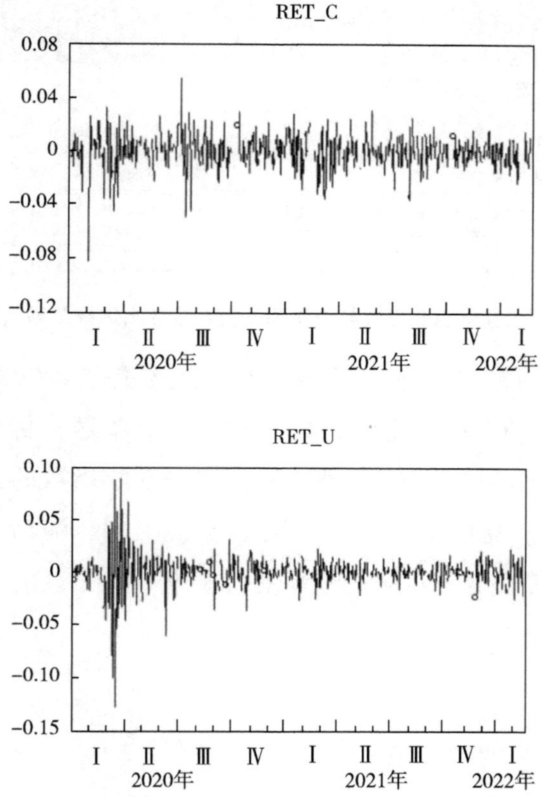

图 2.23　沪深 300 指数与标普 500 指数收益率比较

图 2.23 上部展示的是沪深 300 指数收益率，下部展示的是美国标普 500 指数收益率，可以看出，沪深 300 指数的波动率大于标普 500 指数。

Group: UNTITLED　Workfile: D::Untitled\

View | Proc | Object | Print | Name | Freeze | Sample | Sheet | Stats | Spec

Pairwise Granger Causality Tests
Date: 10/03/22　Time: 15:52
Sample: 1/02/2020 2/18/2022
Lags: 1

Null Hypothesis:	Obs	F-Statistic	Prob.
RET_U does not Granger Cause RET_C	485	5.46122	0.0199
RET_C does not Granger Cause RET_U		0.13871	0.7097

图 2.24　标普 500 指数与沪深 300 指数格兰杰因果关系

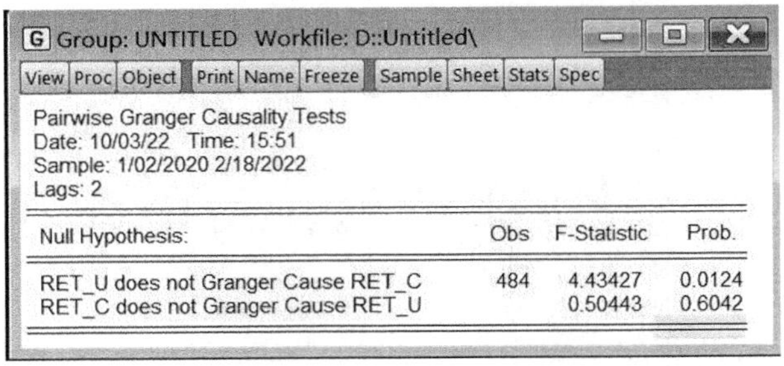

Pairwise Granger Causality Tests
Date: 10/03/22 Time: 15:51
Sample: 1/02/2020 2/18/2022
Lags: 2

Null Hypothesis:	Obs	F-Statistic	Prob.
RET_U does not Granger Cause RET_C	484	4.43427	0.0124
RET_C does not Granger Cause RET_U		0.50443	0.6042

图 2.24　标普 500 指数与沪深 300 指数格兰杰因果关系（续）

图 2.24 中的结果拒绝了标普 500 指数不是沪深 300 指数的因果假设，因此标普 500 指数走势领先于沪深 300 指数，标普 500 指数的走势是因，沪深 300 指数的走势是果，沪深 300 指数的走势跟随标普 500 指数的走势。滞后 1 天对应的概率为 0.0199，滞后 2 天对应的概率为 0.0124，滞后 1 天对应的概率更加显著。

| 第 3 章 |

期权隐含波动率

3.1 基本期权现金流

期权有四类状态，分别为买入看涨期权、买入看跌期权、卖出看涨期权与卖出看跌期权，四类基本期权的现金流如图 3.1 所示。

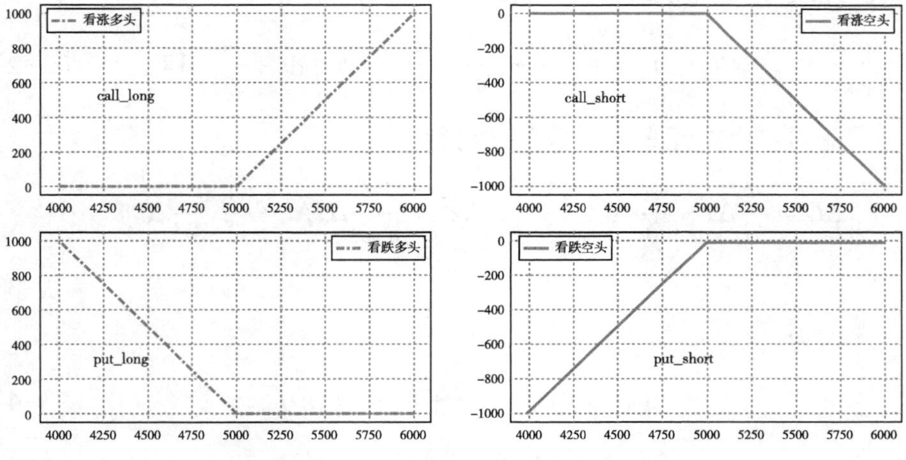

图 3.1　四类基本期权现金流示意图

图 3.1 给出了四类基本期权的现金流示意图，左上为买入看涨期权的现金流示意图，左下为卖出看涨期权的现金流示意图，右上为买入看跌期权的现金流示意图，右下为卖出看跌期权的现金流示意图。

期权的时间价值与内在价值是瞬时价格，仅是相对于当前时点的价格。

3.2 欧式期权定价公式

3.2.1 期权 Black-Scholes 方程

期权定价原理主要是基于无套利思想，Black-Scholes 方程是金融衍生品重要的定价公式，下面我们给出 Black-Scholes 方程推导过程。首先，我们介绍 ITO 引理。

ITO 引理 假设标的资产满足如下过程：

$$dx = a(x, t)dt + b(x, t)dW_t \tag{3-1}$$

其中，dW_t 是维纳过程，设 $G = G(x, t)$ 是 x 与 t 的函数，函数 G 二次连续可微，则 $G(x, t)$ 遵循如下过程：

$$dG(x, t) = \left(\frac{\partial G}{\partial x}a + \frac{\partial G}{\partial t} + \frac{1}{2}\frac{\partial^2 G}{\partial x^2}b^2\right)dt + \frac{\partial G}{\partial x}b dW_t \tag{3-2}$$

证明：由二元泰勒函数公式可得

$$\Delta G = \frac{\partial G}{\partial x}\Delta x + \frac{\partial G}{\partial t}\Delta t + \frac{1}{2}\frac{\partial^2 G}{\partial x^2}\Delta x^2 + \frac{\partial^2 G}{\partial x \partial t}\Delta x \Delta t + \frac{1}{2}\frac{\partial^2 G}{\partial t^2}\Delta t^2 + \cdots \tag{3-3}$$

因为

$$\Delta x = a(x, t)\Delta t + b(x, t)\varepsilon\sqrt{\Delta t} \tag{3-4}$$

$$\Delta x^2 = a^2\Delta t^2 + 2ab\Delta t\sqrt{\Delta t} + b^2\varepsilon^2\Delta t \tag{3-5}$$

其中，ε 服从标准正态分布，$E(\varepsilon) = 0$，$E(\varepsilon^2) = 1$，因此 $E(b^2\varepsilon^2\Delta t) = b^2\Delta t$，因为当 $\Delta t \to 0$ 时，$\text{var}(\Delta x^2) \to 0$，则式（3-5）可化为

$$\Delta x^2 = b^2\Delta t + o(\Delta t) \tag{3-6}$$

由式（3-4）得

$$\Delta x \Delta t = a(x,\ t)\Delta t^2 + b(x,\ t)\varepsilon(\Delta t)^{3/2} = o(t) \qquad (3-7)$$

将式（3-6）、式（3-7）代入式（3-3）得

$$\Delta G = \frac{\partial G}{\partial x}\Delta x + \frac{\partial G}{\partial t}\Delta t + \frac{1}{2}\frac{\partial^2 G}{\partial x^2}b^2\Delta t + o(\Delta t) \qquad (3-8)$$

当 $\Delta t \to 0$ 时，得

$$\mathrm{d}G = \frac{\partial G}{\partial x}\mathrm{d}x + \frac{\partial G}{\partial t}\mathrm{d}t + \frac{1}{2}\frac{\partial^2 G}{\partial x^2}b^2\mathrm{d}t \qquad (3-9)$$

将 $\mathrm{d}x = a(x,\ t)\mathrm{d}t + b(x,\ t)\mathrm{d}W_t$ 代入式（3-9）得

$$\mathrm{d}G = \left(\frac{\partial G}{\partial x}a + \frac{\partial G}{\partial t} + \frac{1}{2}\frac{\partial^2 G}{\partial x^2}b^2\right)\mathrm{d}t + \frac{\partial G}{\partial x}b\mathrm{d}W_t \qquad (3-10)$$

命题得证。

下面我们根据 ITO 引理推导出著名的 Black-Scholes 方程。

假设标的资产价格服从几何布朗运动，即

$$\mathrm{d}S = \mu S\mathrm{d}t + \sigma S\mathrm{d}W_t$$

期权价格为 $f(S,\ t)$，由 ITO 引理可得

$$\begin{aligned}\mathrm{d}f &= \left(\frac{\partial V}{\partial t} + \frac{1}{2}\sigma^2 S^2\frac{\partial^2 V}{\partial S^2}\right)\mathrm{d}t + \frac{\partial V}{\partial S}\mathrm{d}S \\ &= \left(\frac{\partial V}{\partial t} + \mu S\frac{\partial V}{\partial S} + \frac{1}{2}\sigma^2 S^2\frac{\partial^2 V}{\partial S^2}\right)\mathrm{d}t + \sigma S\frac{\partial V}{\partial S}\mathrm{d}W_t\end{aligned}$$

下面我们考虑一个资产组合 Π：卖出一份看跌期权，同时买入 Δ 数量股票，即

$$\Pi = \Delta S - f$$

$$\begin{aligned}\mathrm{d}\Pi &= \Delta\mathrm{d}S - \mathrm{d}f \\ &= \Delta(\mu S\mathrm{d}t + \sigma S\mathrm{d}W_t) - \left(\left(\frac{\partial V}{\partial t} + \frac{1}{2}\sigma^2 S^2\frac{\partial^2 V}{\partial S^2}\right)\mathrm{d}t + \frac{\partial V}{\partial S}\mathrm{d}S\right)\end{aligned}$$

$$\mathrm{d}\Pi = \sigma S\left(\Delta - \frac{\mathrm{d}f}{\mathrm{d}S}\right)\mathrm{d}W_t + \left(\mu S\left(\Delta - \frac{\mathrm{d}f}{\mathrm{d}S}\right) - \frac{\mathrm{d}f}{\mathrm{d}t} - \frac{1}{2}\sigma^2 S^2\frac{\mathrm{d}^2 f}{\mathrm{d}S^2}\right)\mathrm{d}t \qquad (3-11)$$

如果我们选择 $\Delta=\frac{\mathrm{d}f}{\mathrm{d}S}$，则 $\mathrm{d}\Pi$ 中消去随机项 $\mathrm{d}W_t$。如果我们能够随时间变化及时调整 Δ 就可以在整个时间段内将资产组合变成无风险资产；如果资产组合变成无风险资产，那么其收益率应该与无风险资产收益率相等，即

$$\mathrm{d}\Pi=r\Pi\mathrm{d}t$$

$$\frac{\mathrm{d}f}{\mathrm{d}t}+\frac{1}{2}\sigma^2S^2\frac{\partial^2 f}{\partial S^2}+r\Pi=0$$

整理得到

$$\frac{\partial f}{\mathrm{d}t}+rS\frac{\partial f}{\mathrm{d}S}+\frac{1}{2}\sigma^2S^2\frac{\partial^2 f}{\mathrm{d}S^2}-rf=0$$

这就是 Black-Scholes 方程，表明金融衍生品价格可以用偏微分方程表示，这样就将各种不同衍生证券对应于不同到期现金流。

3.2.2 欧式期权定价公式

不同衍生证券的边界条件决定了不同的解，欧式看涨期权的边界条件如下：

$$\max(S-K,\ 0),\ t=T$$

得到欧式看涨期权价格如下：

$$c=SN(d_1)-Ke^{-rT}N(d_2) \tag{3-12}$$

其中

$$d_1=\frac{\ln\left(\frac{S}{K}\right)+\left(r+\frac{\sigma^2}{2}\right)T}{\sigma\sqrt{T}}$$

$$d_2=\frac{\ln\left(\frac{S}{K}\right)+\left(r-\frac{\sigma^2}{2}\right)T}{\sigma\sqrt{T}}=d_1-\sigma\sqrt{T}$$

其中，S 为股票价格，K 是执行价格，$N(\cdot)$ 是正态分布函数，r 是

无风险利率，T 是期权存续期，σ 是标准差。$N(\cdot)$ 的形式如下：

$$N(x)=\int_{-\square}^{x}\frac{1}{\sqrt{2\pi}}e^{-\frac{x^2}{2}}dx$$

式（3-12）也可以写成如下形式：

$$c=e^{-rT}[SN(d_1)e^{rT}-N(d_2)] \tag{3-13}$$

$N(d_2)$ 表示在风险中性世界中期权被执行概率，所以 $N(d_1)$ 相当于执行价格乘以支付价格的概率。$SN(d_1)e^{rT}$ 表示如下变量的期望值：风险中性世界中当 $S_T>K$ 时该变量等于 S，其他情况下等于 0。

根据欧式看涨期权与欧式看跌期权之间的平价关系式（3-1）可以得到欧式看跌期权的价格 p：

$$p=Xe^{-rT}N(-d_2)-SN(-d_1) \tag{3-14}$$

1976 年 Black 研究出期货期权定价模型，该模型假设期货价格 F 遵循如下几何布朗运动：

$$dF=\mu F dt+\sigma dW_t$$

其中，μ 是期货价格预期增长率，σ 是波动率，dW_t 是维纳过程。

设欧式看涨期权价格为 c，欧式看跌期权价格为 p，则有

$$c=e^{-rT}[FN(d_1)-KN(d_2)]$$

$$p=e^{-rT}[XN(-d_2)-FN(-d_1)]$$

其中

$$d_1=\frac{\ln(F/X)+\frac{\sigma^2}{2}T}{\sigma\sqrt{T}}$$

$$d_2=\frac{\ln(F/X)-\frac{\sigma^2}{2}T}{\sigma\sqrt{T}}=d_1-\sigma\sqrt{T}$$

其中，F 为期货价格，K 是执行价格，$N(\cdot)$ 是正态分布函数，r 是无风险利率，T 是存续期，σ 是标准差。

$$S_T = S_0 \exp(\sigma z_t + (\mu - \frac{\sigma^2}{2})t)$$

对上述方程两边取自然对数可得

$$\ln\left(\frac{S_T}{S_0}\right) = \sigma z_t + \left(\mu - \frac{\sigma^2}{2}\right)t$$

其中右边的表达式是一个均值为 $\left(\mu - \frac{\sigma^2}{2}\right)t$，方差为 $\sigma^2 t$ 的正态随机变量，波动率为 σ，漂移率为 μ。欧式看涨期权定价如表 3. 1 所示。

表 3. 1 欧式看涨期权定价

S	K	r	σ	T	期权价格
3350	3450	0. 12	0. 1	1	321. 91
3450	3450	0. 06	0. 05	0. 5	115. 21
3650	3450	0. 04	0. 03	0. 33	245. 24
3850	3450	0. 01	0. 01	0. 083	402. 86
4094	3500	0. 0002	0. 02	0. 0575	594. 04
4290	3450	0. 0002	0. 01	0. 049	840. 03

我们先考虑看涨期权价格，若指数当前价格为 4735，无风险利率为 12%，行权价 K 为 4700，波动率为 0. 1，时间长度为 1 年，则指数价格与期权价格的关系如图 3. 2 所示。

从图 3. 2 可以看出，对看涨期权而言，当指数价格上升时，期权价格增加，二者呈正相关关系，当指数价格处于低位或者高位时，期权价格趋于直线。这是因为对投资者而言，未来指数大涨或者大跌的可能性都比较低，深度虚值与深度实值都不可能发生。

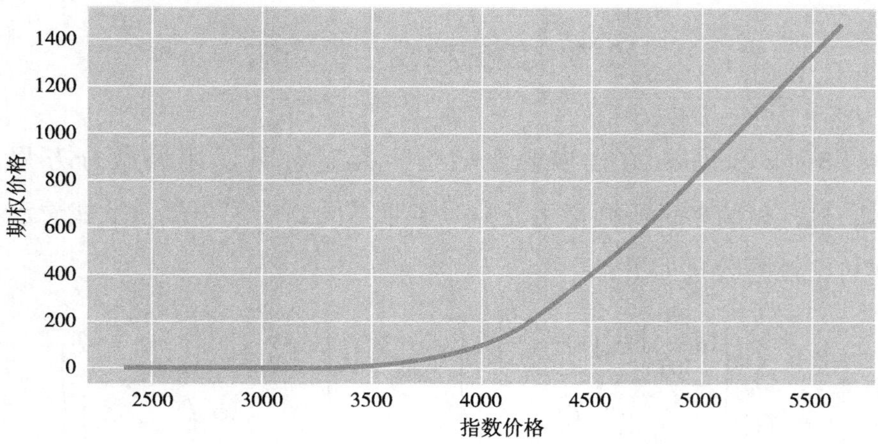

图 3.2　用 Black-Scholes 方程计算看涨期权价格

沪深 300 指数期权的成交集中于平值期权，深度虚值期权和深度实值期权的交易并不活跃，有些品种整天都没有成交，此时选用买卖双方的成交价并不合适，所以本书中的期权价格如不特别声明都是买入价。

在标准 Black-Scholes 方程中，为了理论的完美，添加了很多苛刻的假设，具体如下。

- 无风险利率不变；
- 股票价格服从几何布朗运动，就是一个漫无目的的漂浮物；
- 期权在存续期内不分红；
- 金融资产收益率服从对数正态分布。

Black-Scholes 方程对金融市场做了如下假设：

- 不存在任何套利机会；
- 投资者可以用无风险利率从市场借出资金或者借入资金；
- 市场没有摩擦成本；
- 欧式期权在某个特定日期行权。

3.3 美式期权定价方法

Black-Scholes 方程表明金融衍生品定价可以用偏微分方程表示，这样就将各种不同衍生证券对应于不同到期现金流。欧式看涨期权价格计算公式如下：

$$C = SN\left(\frac{\ln\left(\frac{S}{K}\right) + \left(r + \frac{\sigma^2}{2}\right)T}{\sigma\sqrt{T}}\right) - Ke^{-rT}N\left(\frac{\ln\left(\frac{S}{K}\right) + \left(r - \frac{\sigma^2}{2}\right)T}{\sigma\sqrt{T}}\right)$$

其中，S 为股票价格，K 是执行价格，$N(\cdot)$ 是正态分布函数，r 是无风险利率，T 是期权存续期，σ 是标准差。

1976 年 Black 研究出期货期权定价模型，该模型假设期货价格 F 遵循如下几何布朗运动：

$$\mathrm{d}F = \mu F \mathrm{d}t + \sigma \mathrm{d}W_t$$

其中，μ 是期货价格预期增长率，σ 是波动率，$\mathrm{d}W_t$ 是维纳过程。

设欧式看涨期权价格为 c，欧式看跌期权价格为 p，则有

$$c = e^{-rT}(FN(d_1) - KN(d_2))$$

$$p = e^{-rT}(XN(-d_2) - FN(-d_1))$$

其中

$$d_1 = \frac{\ln(F/X) + \frac{\sigma^2}{2}T}{\sigma\sqrt{T}}$$

$$d_2 = \frac{\ln(F/X) - \frac{\sigma^2}{2}T}{\sigma\sqrt{T}} = d_1 - \sigma\sqrt{T}$$

其中，F 为期货价格，K 是执行价格，$N(\cdot)$ 是正态分布函数，r 是无风险利率，T 是存续期，σ 是标准差。

3.3.1 显示法求解欧式看跌期权

下面我们利用显示法求解欧式看跌期权，对一阶偏导数、二阶偏导数的离散方式如下：

$$\frac{\partial f}{\partial t}=\frac{f_{i,\,j}-f_{i-1,\,j}}{\delta t} \tag{3-15}$$

$$\frac{\partial f}{\partial S}=\frac{f_{i,\,j+1}-f_{i,\,j-1}}{2\delta S} \tag{3-16}$$

$$\frac{\partial^2 f}{\partial S^2}=\frac{f_{i,\,j+1}+f_{i,\,j-1}-2f_{i,\,j}}{\delta S^2} \tag{3-17}$$

将式（3-15）、式（3-16）、式（3-17）代入 Black-Scholes 方程有

$$\frac{f_{i,\,j}-f_{i-1,\,j}}{\delta t}+rj\delta S\frac{f_{i,\,j+1}-f_{i,\,j-1}}{2\delta S}+\frac{1}{2}\sigma^2 j^2\delta S^2\frac{f_{i,\,j+1}+f_{i,\,j-1}-2f_{i,\,j}}{\delta S^2}=rf_{i,\,j} \tag{3-18}$$

经过整理可得

$$f_{i-1,\,j}=a_j^*f_{i,\,j-1}+b_j^*f_{i,\,j}+c_j^*f_{i,\,j+1}\quad i=0,\ 1,\ 2,\ \cdots,\ N-1;\ j=1,\ 2,\ 3,\ \cdots,\ M-1 \tag{3-19}$$

其中

$$a_j^*=\frac{1}{2}\delta t(\sigma^2 j^2-rj)$$

$$b_j^*=1-\delta t(\sigma^2 j^2+rj)$$

$$c_j^*=\frac{1}{2}\delta t(\sigma^2 j^2+rj)$$

将式（3-19）写成矩阵形式，则有

$$\begin{pmatrix} f_{N-1,1} \\ f_{N-1,2} \\ f_{N-1,3} \\ \cdots \\ f_{N-1,M-2} \\ f_{N-1,M-1} \end{pmatrix} = \begin{pmatrix} a_1^* & b_1^* & c_1^* & 0 & \cdots & 0 & 0 & 0 \\ 0 & a_2^* & b_2^* & c_2^* & \cdots & 0 & 0 & 0 \\ 0 & 0 & a_3^* & b_3^* & c_3^* & 0 & 0 & 0 \\ 0 & 0 & 0 & a_4^* & b_4^* & c_4^* & 0 & 0 \\ \cdots & \cdots & \cdots & \cdots & \cdots & \cdots & \cdots & \cdots \\ 0 & 0 & 0 & 0 & 0 & a_{M-1}^* & b_{M-1}^* & c_{M-1}^* \end{pmatrix} \begin{pmatrix} f_{N,0} \\ f_{N,1} \\ f_{N,2} \\ \cdots \\ f_{N,M-1} \\ f_{N,M} \end{pmatrix}$$

如果记

$$L = \begin{pmatrix} a_1^* & b_1^* & c_1^* & 0 & \cdots & 0 & 0 & 0 \\ 0 & a_2^* & b_2^* & c_2^* & \cdots & 0 & 0 & 0 \\ 0 & 0 & a_3^* & b_3^* & c_3^* & 0 & 0 & 0 \\ 0 & 0 & 0 & a_4^* & b_4^* & c_4^* & 0 & 0 \\ \cdots & \cdots & \cdots & \cdots & \cdots & \cdots & \cdots & \cdots \\ 0 & 0 & 0 & 0 & 0 & a_{M-1}^* & b_{M-1}^* & c_{M-1}^* \end{pmatrix}_{(M-1)\times(M+1)}$$

则上式可以写成如下形式：

$$\begin{pmatrix} f_{N-1,1} \\ f_{N-1,2} \\ f_{N-1,3} \\ \cdots \\ f_{N-1,M-2} \\ f_{N-1,M-1} \end{pmatrix} = L_{(M-1)\times(M+1)} \begin{pmatrix} f_{N,0} \\ f_{N,1} \\ f_{N,2} \\ \cdots \\ f_{N,M-1} \\ f_{N,M} \end{pmatrix}$$

即

$$f^{N-1} = Lf^N$$

对于欧氏看跌期权，其终值条件如下：

$$f(S, T) = \max\{K - S, 0\} \qquad \forall S > 0$$

下面我们考虑欧式看跌期权的边界条件，当股票价格 S_t 非常大时，欧式看跌期权到期日价值为 0，$f(t, S_{\max}) = 0$；当股票价格为 0 时，$S_t = 0$，那么到期日价值为 K，贴现到 t 期则有 $f(t, 0) = Ke^{-r(T-t)}$，边界条件及终值条件可以写成如下形式：

$$f_{i, M} = 0 \qquad i = 1, 2, \cdots, N$$

$$f_{i, 0} = Ke^{-r(N-i)\Delta t} \qquad i = 0, 1, 2, \cdots, N$$

$$f_{N, j} = \max(K - j\Delta S, 0) \qquad j = 0, 1, 2, \cdots, M$$

3.3.2 显式法求解美式看跌期权

这里我们采用与 3.3.1 不同的离散方式，具体如下：

$$\frac{\partial f}{\partial S} = \frac{f_{i+1, j+1} - f_{i+1, j-1}}{2\Delta S} \tag{3-20}$$

$$\frac{\partial^2 f}{\partial S^2} = \frac{f_{i+1, j+1} + f_{i+1, j-1} - 2f_{i+1, j}}{\Delta S^2} \tag{3-21}$$

这样，差分方程为

$$\frac{f_{i+1, j} - f_{i, j}}{\Delta t} + rj\Delta S \frac{f_{i+1, j+1} - f_{i+1, j-1}}{2\Delta S} + \frac{1}{2}\sigma^2 j^2 \Delta S^2 \frac{f_{i+1, j+1} + f_{i+1, j-1}}{\Delta S^2} = rf_{i, j}$$

整理得

$$f_{i, j} = a_j f_{i+1, j-1} + b_j f_{i+1, j} + c_j f_{i+1, j+1} \tag{3-22}$$

其中

$$a_j = \frac{1}{1 + r\Delta t}\left(-\frac{1}{2}rj\Delta t + \frac{1}{2}\sigma^2 j^2 \Delta t\right)$$

$$b_j = \frac{1}{1 + r\Delta t}(1 - \sigma^2 j^2 \Delta t)$$

$$c_j = \frac{1}{1 + r\Delta t}\left(\frac{1}{2}rj\Delta t + \frac{1}{2}\sigma^2 j^2 \Delta t\right)$$

如果记

$$L=\begin{pmatrix} a_1 & b_1 & c_1 & 0 & \cdots & 0 & 0 & 0 & 0 \\ 0 & a_2 & b_2 & c_2 & \cdots & 0 & 0 & 0 & 0 \\ 0 & 0 & a_3 & b_3 & \cdots & a_{M-2} & b_{M-2} & c_{M-2} & 0 \\ 0 & 0 & 0 & 0 & \cdots & 0 & a_{M-1} & b_{M-1} & c_{M-1} \end{pmatrix},\ f^i=\begin{pmatrix} f_{i,\,0} \\ f_{i,\,1} \\ \vdots \\ \vdots \\ f_{i,\,M} \end{pmatrix}$$

则

$$f^i = Lf^{i-1}$$

考虑到边界条件

$$f_{i,\,0}=k$$

$$f_{i,\,M}=0$$

$$i=0,\ 1,\ 2,\ 3,\ \cdots,\ N$$

对于第 i 个时刻的现金流 $F_{i,\,j}$ 有 $F_{i,\,j}=\max(k-j\Delta S,\ f_{i,\,j})\quad i,\ j=1,\ 2,\ 3,\ \cdots,\ M-1$。

3.4 波动率对期权价格的影响

3.4.1 期权相关波动率

波动率意味着不确定性，即未来风险水平，波动率越大，风险越高，波动率越小，市场收益的确定性越高，风险就越小。波动率是反映市场情绪和期权价格水平的重要指标，一般在震荡行情中，期权波动率不断走低。实际交易中，我们可以使用隐含波动率来判断期权价格是否合理，如果隐含波动率低于未来的波动率，说明期权价格是被低估的，这正是买入时机。如果隐含波动率高于未来的波动率，说明期权被高估了，这是波动率交易核心。图 3.3 展示了实值期权与虚值期权隐含波动率。

通常，波动率可以分为历史波动率、未来价格波动率、预期波动率和隐含波动率四类。

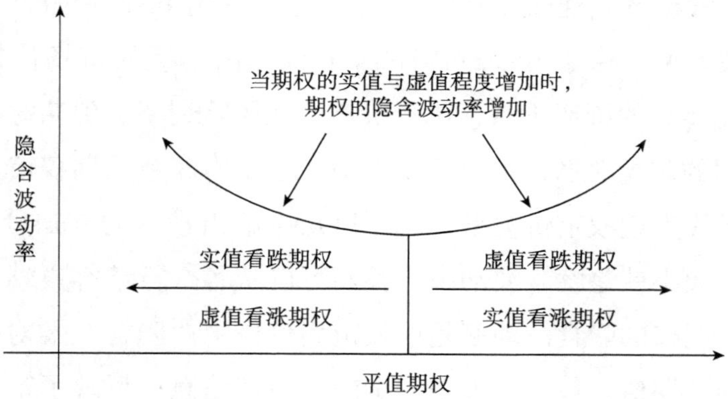

图 3.3 隐含波动率

历史波动率是指在一个特定时段里每日回报年度化的标准偏差。计算历史波动率时要确定时间段和价格取值方式，时间段可以是最近 30 天、90 天或任何适当天数，价格通常采用每天的收盘价。计算步骤为先计算出每天的对数收益率，然后取这段时期的对数收益率的标准差，最后进行年化调整。

未来价格波动率指的是在未来某个时段里每日回报年度化的标准偏差，该时段一般是指从现在到一个期权的到期日。在利用 Black-Scholes 期权定价公式计算期权理论价格时，需要的是未来价格波动率，不幸的是，期货的波动率只有在变为历史波动率后才是可知的。因此，期权定价公式里的波动率只是对期货波动率的估量。

预期波动率是期权交易者根据市场情况与历史数据对未来波动率做出的一种预测，也是对未来波动率的一种估量，交易者将它用在期权定价公式里，用于对一个期权的理论价格做评估。

隐含波动率是利用 Black-Scholes 期权定价公式，将期权实际价格以及除波动率 σ 以外的其他参数代入公式而反推出的波动率。期权的实际价格是由众多期权交易者竞争而形成，因此，隐含波动率代表了市场参与者对于市场未来的看法和预期，从而被视为最接近当时的真实波动率。

隐含波动率是通过期权市场价格运用常用 Black-Scholes 方程反推出的波动率，由于 Black-Scholes 方程给出了期权市场价格与五个基本参数（标的资产价格、执行价格、无风险利率、到期时间和波动率）之间的定量关系，因此只要将前 4 个基本参数及期权市场价格作为已知量代入期权定价模型，就可以从中解出唯一的未知量 σ——波动率，其大小就是隐含波动率，我们可以从各个行情客户端查询隐含波动率。期权的隐含波动率是期权市场价格中“隐含”的对标的资产波动率的预期值，包含市场中大量的前瞻性信息，反映了市场对标的资产未来波动率的预期，因而在期权定价、标的资产市场预测以及策略交易中具有非常重要的作用，我们也可以把隐含波动率理解为市场实际波动率的预期。

预测波动率是指通过历史数据以及运用统计和计量方法对实际波动率进行预测得到的结果，通常被用于期权定价，将预测波动率代入期权定价模型，可以得到期权理论价值。因此，预测波动率是人们对期权进行理论定价时实际使用的波动率。常用的计算预测波动率的方法基本上是一些统计方法，包括建立各类模型进行预测与推断，除此之外，人们对实际波动率的预测还可能来自经验判断等其他方面。

在以上四类波动率中，历史波动率最易获得，隐含波动率最接近真实波动率，因此它们是实际应用最多的两种波动率。不过，隐含波动率是利用实际期权价格倒推而得，利用隐含波动率计算当时的实际期权价格便成为一种不现实。计算期权理论价格时最常用的仍然是历史波动率。

波动率对期权价格具有正向影响。对于期权的买方，由于买入期权所付出的成本已经确定，标的资产的波动率越大，标的资产价格偏离执行价格的可能性就越大，可能获得的收益就越大，因而买方愿意付出更多权利金购买期权；对于期权的卖方，由于标的资产的波动率越大，其承担的价格风险就越大，因此需要收取更高的权利金。相反，标的资产波动率越小，期权的买方可能获得的收益就越小，期权的卖方承担的风险越小，因此期权的价格越低。

历史波动率有很多计算方式，其中一种的计算公式如下：

$$\sigma = \sqrt{\frac{1}{N}\sum_{t}(r_t - \bar{r})^2}\sqrt{252}$$

$$r_t = \ln\left(\frac{P_t}{P_{t-1}}\right)$$

其中，r_t 是 t 时期指数价格的对数收益率，P_t 是 t 时期的指数价格。上述波动率计算方式称为 close-close 方法。Parkinson 给出了基于日内数据的波动率估算方法：

$$\sigma = \sqrt{\frac{1}{4N\ln 2}\sum_{t=1}^{N}\left(\ln\frac{h_t}{l_t}\right)}$$

其中，h_t 与 l_t 分别代表最高点与最低点。Garman、Klass 定义的波动率如下：

$$\sigma = \sqrt{\frac{1}{N}\sum_{t=1}^{N}\frac{1}{2}\left(\ln\frac{h_t}{l_t}\right)^2 - \frac{1}{N}\sum_{t=1}^{N}(2\ln 2 - 1)\left(\ln\frac{c_t}{c_{t-1}}\right)^2}$$

其中，h_t 与 l_t 分别代表最高点与最低点，c_t 与 c_{t-1} 分别为 t 期与 $t-1$ 期的收盘价。Yang、Zhang（1970）给出了如下的波动率计算方法：

$$\sigma = \sqrt{\sigma_o^2 + k\sigma_c^2 + (1-k)\sigma_{rs}^2}$$

$$\sigma_o^2 = \frac{1}{N-1}\sum_{t=1}^{N}\left(\ln\frac{o_t}{o_{t-1}} - \frac{1}{N}\sum_{t=1}^{N}\ln\frac{o_t}{o_{t-1}}\right)^2$$

$$\sigma_c^2 = \frac{1}{N-1}\sum_{t=1}^{N}\left(\ln\frac{c_t}{c_{t-1}} - \frac{1}{N}\sum_{t=1}^{N}\ln\frac{c_t}{c_{t-1}}\right)^2$$

$$\sigma_{rs}^2 = \frac{1}{N}\sum_{t=1}^{N}\left(\ln\frac{h_t}{c_t}\right)\left(\ln\frac{h_t}{o_t}\right) + \left(\ln\frac{l_t}{c_t}\right)\left(\ln\frac{l_t}{o_t}\right)$$

$$k = \frac{0.34}{1.34 + \frac{N+1}{N-1}}$$

3.4.2 隐含波动率计算公式

隐含波动率是根据期权市场价格反推出来的。期权市场价格由标的资产价格、无风险利率、波动率、执行价格、到期时间5个因素决定，如果我们知道了期权市场价格、标的资产价格、无风险利率、执行价格、到期时间，就可以根据 Black – Scholes 公式反解出波动率，这个被反解出的波动率就叫作隐含波动率，一般使用 σ^{imp} 表示。很多研究通过存续期匹配期权价格，我们使用牛顿—拉弗森方法计算隐含波动率，其一阶泰勒展开如下。

$$f(x) = f(x_0) + f'(x_0)(x - x_0) + o(x - x_0)$$

当 x_1 使得 $f(x_1) = 0$ 时，有

$$f(x_1) = f(x_0) + f'(x_0)(x_1 - x_0)$$

这样函数与 x 轴交点的横坐标为

$$x_1 = x_0 - \frac{f(x_0)}{f'(x_0)}$$

我们使用迭代公式计算隐含波动率，即

$$x_n = x_{n-1} - \frac{f(x_{n-1})}{f'(x_{n-1})}$$

欧式看涨期权价格 c 的计算公式如下。

$$c = SN(d_1) - Ke^{-rT}N(d_2) \quad (3\text{-}23)$$

其中

$$d_1 = \frac{\ln\left(\frac{S}{K}\right) + \left(r + \frac{\sigma^2}{2}\right)T}{\sigma\sqrt{T}}$$

$$d_2 = \frac{\ln\left(\frac{S}{K}\right) + \left(r - \frac{\sigma^2}{2}\right)T}{\sigma\sqrt{T}} = d_1 - \sigma\sqrt{T}$$

其中，S 为股票价格，K 是执行价格，$N(\cdot)$ 是正态分布函数，r 是无风险利率，T 是期权存续期，σ 是标准差。

对于观察到的期权价格 u^*，有 $f(\sigma) = u - u^*$，就是找到能使 $f(\sigma) = 0$ 的 σ 值。

$$\frac{\partial f}{\partial \sigma} = SN'(d_1)\sqrt{T} = \frac{S}{\sqrt{2\pi}}e^{-\frac{d_1^2}{2}}\sqrt{T} = \text{Vega}$$

使用 Newton-Raphson 近似公式得

$$\sigma_{n+1} = \sigma_n - \frac{f(\sigma_n)}{f'(\sigma_n)}$$

这样就建立了隐含波动率的近似计算递推公式。

表 3.2 用 Newton-Raphson 方法推算的欧式看涨期权隐含波动率

K	S	r	c	T	隐含波动率
50	50	0.12	5.92	1	0.1
50	50	0.06	1.67	0.5	0.05
50	50	0.04	0.8	0.33	0.03
50	50	0.01	0.08	0.083	0.01

3.4.3 隐含波动率微笑

对于到期日相同而执行价格不同，标的都是沪深 300 指数的期权，由于沪深 300 指数的波动率只有一个，理论上它们对应的隐含波动率是相同的。但令人困惑的是，实际上它们的隐含波动率并不一样，执行价格偏离标的价格越远，隐含波动率越大，这与通常感觉是矛盾的，传统期权定价公式无法解释隐含波动率微笑。

从隐含波动率微笑可以看出，平值期权的隐含波动率最小，执行价格距离标的资产价格越远，期权隐含波动率越大，此外，随着到期日临近波动率变大。由此，Rubinstein 和 Ait-Sahalia&Lo 提出了半参数期权定价方法。张爱玲、吴冲锋（2007）研究了到期日对于隐含波动率的影响，提出了根据存续期和行权价格计算隐含波动率的方法。图 3.4 展示了沪深 300 指数看涨期权隐含波动率。

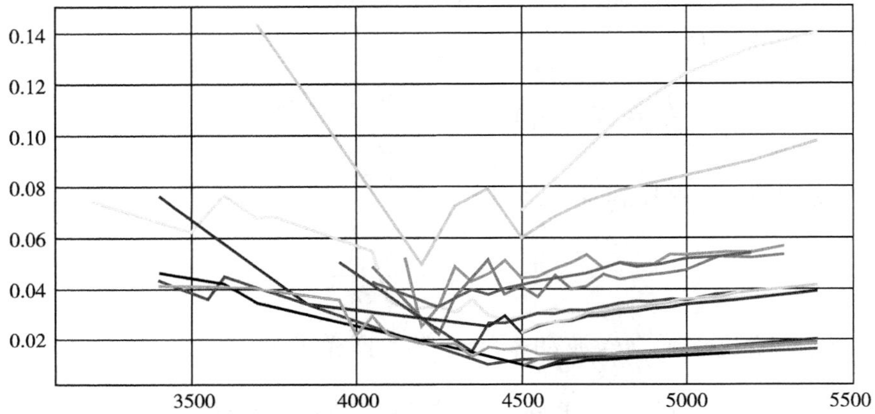

图 3.4　用 Newton-Raphson 方法估算的沪深 300 指数看涨期权隐含波动率

由图 3.4 可以看出，执行价格在 4500 附近时期权隐含波动率小，执行价格远离 4500 时期权隐含波动率高，表明市场高估了执行价格在两端的发生概率，高估了小概率事件，沪深 300 指数期权的确出现了波动率微笑。

3.4.4　波动率锥

Burghardt 与 Lane 在 1990 年发表的 *How to Tell if Options are Cheap* 中提出了波动率锥（Volatility Cone）的概念，通过增加波动率估计时间区间，为波动率的分析与预测提供了另一种思路。波动率锥概念的提出是基于波动率具有均值回归的特征，波动率不是脱缰的野马，越跑越快，而是跑得太快了就会停下来，跑得太慢了就会提升速度。

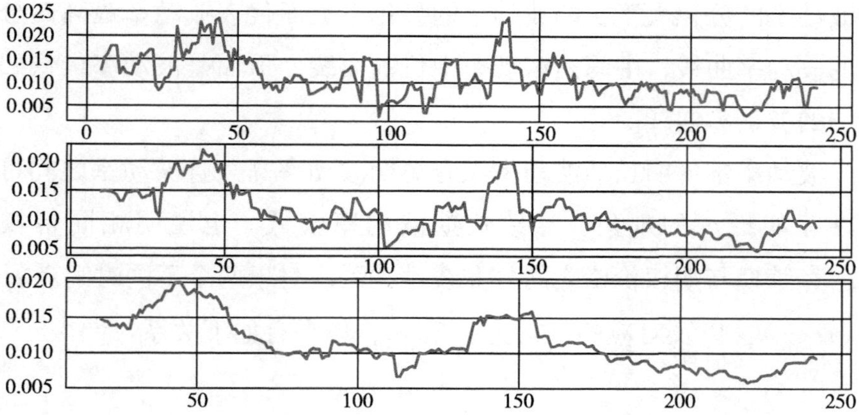

图 3.5 沪深 300 指数日、10 日、20 日价格

历史波动率是根据历史数据计算出的波动率，它是根据下面公式计算出来的。

$$\sigma = \sqrt{\frac{1}{N}\sum_{t}(r_t - \bar{r})^2}\sqrt{252}$$

$$r_t = \ln\left(\frac{P_t}{P_{t-1}}\right)$$

其中，r_t 是 t 时期指数价格的对数收益率，P_t 是 t 时期的指数价格。

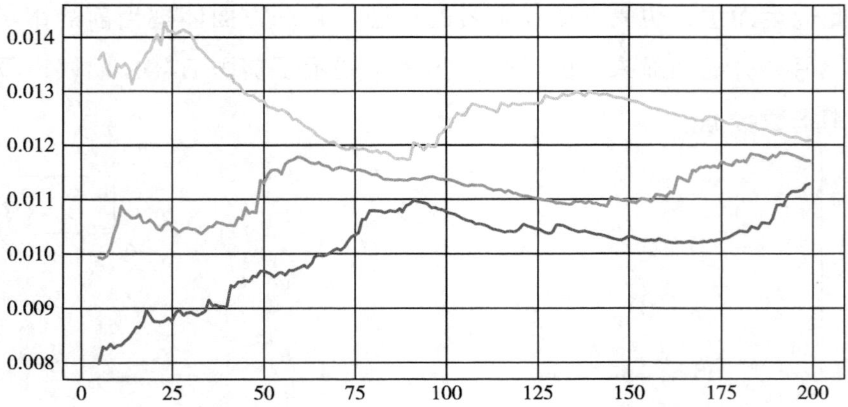

图 3.6 沪深 300 指数波动率锥示意图

从图 3.6 可以看出，沪深 300 指数走势存在波动率锥现象，即短

期波动率的分化大于长期波动率的分化。上面代表波动率最高四分之一的波动率曲线，中间是波动率中位数曲线，下面是波动率最低四分之一的波动率曲线。

波动率锥说明长期波动率没有短期波动率高，且波动率之间可能存在互相抵消的现象，导致长期波动率较低，也说明相同行权价下，存续期与期权价格之间是非线性关系。对于两个不同时间点 t_1 和 t_2（$t_1<t_2$），以及对应的价格为 c_1 和 c_2，如果有如下关系：

$$t_2 = at_1$$

那么有

$$c_2 < ac_1$$

上式说明，波动率具有均值回归属性，当波动率上涨到一定程度时会变慢。期权的波动率会影响期权价格，因此波动率锥也会影响期权价格，期权存在波动率锥导致期权价格与时间之间并非严格的线性关系。

3.4.5 构建期权波动率指数 VIX

编制指数对衡量市场波动率是非常重要的，波动率指数（VIX）因此应运而生，也受到了投资者的欢迎，它一方面体现当前的市场波动，另一方面凸显未来的风险。图 3.7 展示了美国 CBOE 期权市场波动率指数数据。

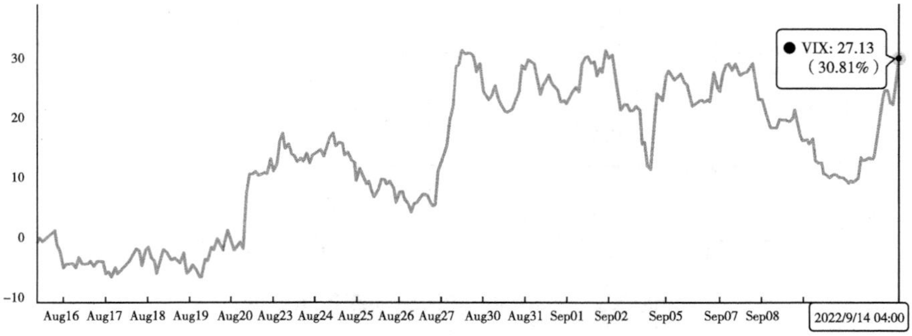

图 3.7 美国 CBOE 期权市场波动率指数

图 3.7 展示了 2022 年 8 月 14 日到 9 月 14 日的 VIX，从图中可以看出 VIX 是逐渐上升的。

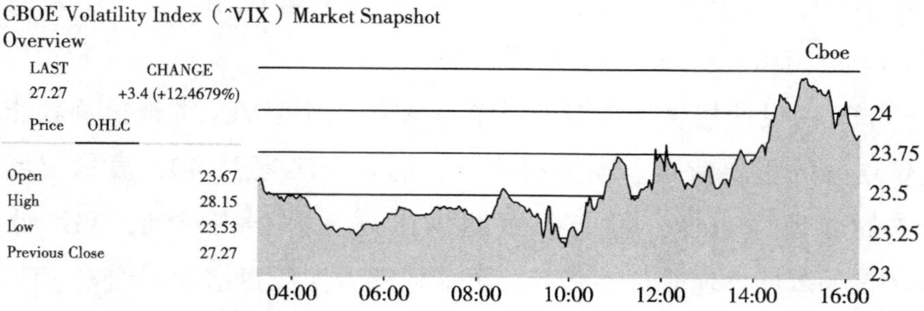

图 3.8　CBOE VIX 实时数据展示

图 3.8 展示了美国 CBOE 的 VIX 实时数据。期权波动率指数源于美国杜克大学 Menachem Brenner 和 Dan Galai（1989）的文章，CBOE 在此基础上推出了 VIX，用于衡量期权市场的总体波动性，后来被视为衡量市场恐慌性的指标，即“fear index”（恐慌指数）。

1993 年美国芝加哥期权交易所（CBOE）提出 VIX，2003 年 CBOE 更新了 VIX 的算法，把标的指数从 S&P100 指数更新为 S&P500 指数，推出了基于 S&P500 指数的期权执行价格 VIX，用来代替整个期权市场对于未来 30 天股价波动率的预期。

2004 年 CBOE 推出第一个波动性期货 VIX Futures（Volatility Index Futures）。同年推出第二个将波动性商品化的期货，即方差期货（Variance Futures），标的为 3 个月期的 S&P500 指数的实际方差（Realized Variance）。2006 年，VIX 指数期权开始在芝加哥期权交易所交易。

大量研究以波动率指数为对象进行了检验。Fleming Ostdiehe、Whaley（1995、1996）以日数据为研究基础，发现 VIX 存在一阶自相关，但是周内效应并不明显，而且 VIX 下跌时的变化量大于上涨时的变化量。Maggie、Thomas 分析了 VIX 与收益之间的关系，发现 VIX

可以作为领先指标。

美国证券在 VIX 基础上衍生出了 VXX，VXX 是一种证券，其通过持有近月以及次月两个月的 VIX 期货来合成出一个 30 天到期（Constant Maturity）的 VIX 期货价格。

VIX 的设计初衷是预警市场潜在风险，因此 VIX 常被投资者作为仓位增减的重要依据。在美股市场，通常 VIX 超过 40，表示市场对未来的非理性恐慌，可能于短期内出现反弹；相对地，VIX 低于 15，表示市场出现非理性繁荣，可能伴随着卖压盘增加。通常 VIX 与股指之间存在负相关性。因此，VIX 也被部分投资者作为判断未来方向的指标。2003 年 CBOE 修改了 VIX 编制方法，新公式如下：

$$\sigma^2 = \frac{2}{T}\sum_i \frac{\Delta K_i}{K_i^2}e^{RT}Q(K_i) - \frac{1}{T}\left(\frac{F}{K_0} - 1\right)^2$$

先利用该公式计算当月合约的 σ_1^2 和下月合约的 σ_2^2，然后对二者加权得到综合的 σ^2，再用 VIX 公式计算如下。

$$VIX = 100 \times \sigma$$

$$VIX = 100 \times \sqrt{\left(T_1\sigma_1^2\left(\frac{NT_2 - N_{30}}{NT_2 - NT_1}\right) + T_2\sigma_2^2\left(\frac{N_{30} - NT_2}{NT_2 - NT_1}\right)\right) \times \frac{N_{365}}{N_{30}}}$$

其中，T 是剩余时间，按照分钟计算，计算 T 在一年中所占的比率，计算公式如下。

$$T = \frac{M_{当天} + M_{到期日} + M_{其他时间}}{一年总的分钟数}$$

其中，$M_{当天}$ 为从现在时刻到当天 24 点的剩余分钟数，$M_{到期日}$ 为从到期日 0 时刻到早晨 8：30 的分钟数，$M_{其他时间}$ 为从现在时刻到到期日早晨 8：30 的总分钟数 $- M_{当天} - M_{到期日}$，近月合约距离到期日必须超过一个星期，主要是为了避免临近到期日指数期权价格出现异常波动。

R 代表无风险利率。我们选择和期权到期日相同的短期国债收益率。

F 代表远期价格，可以通过下面的公式推算远期价格。

F=执行价格+ e^{RT} ×（看涨期权权利金 – 看跌期权权利金）

其中，看涨期权权利金和看跌期权权利金是指相同执行价格的看涨期权和看跌期权，（看涨期权权利金 – 看跌期权权利金）定义为是绝对值最小时的那个值。

K_0 则是按照执行价格对期权进行排序，将低于 F 值的第一个执行价格定义为 K_0。如果 $K_i<K_0$，选择执行价格为 K_0 的看跌期权。从与 K_0 相邻且执行价格小于 K_0 的看跌期权开始，剔除买入价格为 0 的期权，直到出现两个连续的买入价格为 0 的看跌期权为止。这两个看跌期权之后的期权都不再考虑。如果 $K_i=K_0$，看涨期权和看跌期权都可以入选。

$\Delta K_i=\dfrac{K_i-K_{i-1}}{2}$，表示执行价格与相邻稍高的执行价格的差，但是对于最低执行价格的看跌期权 K_u，以及最高执行价格的看涨期权 K_v，则有

$$\Delta K_u=K_{u-1}-K_u\ ,\ \Delta K_v=K_{v-1}-K_v$$

Q（K）为执行价格 K_i 的期权权利金的买入价格和卖出价格的中值，即

$$Q(K_i)=\frac{\text{买入价格}+\text{卖出价格}}{2}$$

对 VIX 的计算具体如下。

第 1 步：时间为 2022 年 9 月 13 日上午 10：03，近月合约为 11 月到期，次近月合约为 12 月到期，有

$$T_1=\frac{(13\times60+57)+(10\times60+3)+(37\times24\times60)}{365\times24\times60}$$

$$T_2=\frac{(13\times60+57)+(10\times60+3)+(65\times24\times60)}{365\times24\times60}$$

第 2 步：无风险利率为 1.6%。

第 3 步：推算远期合约的价格。

$$F = \text{执行价格} + e^{RT} \times (\text{看涨期权权利金} - \text{看跌期权权利金})$$

$$F_1 = 4100 + e^{0.016} \times 7.8$$

$$F_2 = 4050 + e^{0.016} \times 0.6$$

第 4 步：计算 K_0，K_1，ΔK_i，$Q(K_i)$。

各国和各地区都陆续推出了 VIX 指标，编制原理与 CBOE 的 VIX 相同，开发模式分为联合开发与授权开发。印度和我国台湾地区就是取得 CBOE 授权开发的 VIX 指数。

为了衡量中国市场波动性，2015 年 2 月 9 日上海证券交易所推出了以上证 50 指数为标的的中国波动率指数 iVIX，用于预测上证 50 指数未来 30 天的波动。

第4章

插值法计算期权价格

4.1 多项式插值

插值法是绘制平滑近似曲线的基本方法，它是将离散样本点用一个连续函数表示出来，这一连续函数称为插值函数，插值函数具有很多优良性质，如进行数值积分与微分。

具体而言，假设在时间区间［a，b］上有观察数据（x_i，y_i），$i=1, 2, 3, \cdots, n$，插值法就是寻找一个函数f使得

$$y_i = f(x_i) \quad i=0, 1, 2, \cdots, n$$

通常称f为插值函数，x_0，x_1，…，x_n为插值节点，如果f为多项式，则称为多项式插值。

4.1.1 三次样条插值基本原理

对于给定的一系列初始观察值（x_0，y_0），（x_1，y_1），（x_2，y_2），…，（x_n，y_n），$a=x_0<x_1<\cdots<x_n=b$，我们用函数$S(x)$进行插值。如果$S(x)$满足下列条件：

- $S(x)$在每个子区间［x_i，x_{i+1}］上都是不高于三次的多项式；
- $S(x)$、$S'(x)$、$S''(x)$在区间［a，b］上连续；
- $S(x_i)=y_i$；

称 $S(x)$ 为三次样条函数。需要指出的是，$S(x)$ 是一个分段三次函数，如果用 $S_i(x)$ 表示 $S(x)$ 在第 i 个子区间 $[x_{i-1}, x_i]$ 上的三次函数，则 $S_i(x)$ 形式如下：

$$S_i(x) = a_i x^3 + b_i x^2 + c_i x + d_i \quad x \in [x_{i-1}, x_i]$$

其中，a_i、b_i、c_i、d_i 为待定系数，如果子区间有 n 个，则未知参数有 $4n$ 个。

另外，若要求分段函数本身及其一阶、二阶导数连续，只需要求在每个节点处连续即可，这时可以得到 $4n-2$ 个方程。

$$\begin{cases} S(x_i - 0) = S(x_i + 0) & i = 1, 2, \cdots, n-1 \\ S'(x_i - 0) = S'(x_i + 0) & i = 1, 2, \cdots, n-1 \\ S''(x_i - 0) = S''(x_i + 0) & i = 1, 2, \cdots, n-1 \\ S(x_i) = y_i & i = 1, 2, \cdots, n \end{cases}$$

显然，要确定 $S(x)$ 的系数还缺少两个方程或条件，这两个条件通常在两个端点处给出，称为边界条件或端点条件。端点条件的形式有很多，常见的端点条件有下面两种。

（1）给出端点处的一阶导数值，即

$$S'(x) = y'_0, \quad S'(x_n) = y'_n$$

（2）给出端点处的二阶导数值，即

$$S''(x) = y''_0, \quad S''(x_n) = y''_n$$

方便起见，一般规定 $S''(x)=0$，$S''(x_n)=0$，并称其为自然边界条件，满足自然边界条件的三次样条函数称为自然样条插值函数。

4.1.2　三次样条插值期权历史价格

由于沪深 300 指数期权的价格是连续波动的，同一行权价下标的资产价格变动会导致 K/S 变动，所以我们用行权价格与标的价格之比 K/S 作为原始数据，并将 moneyness 定义为 S/K。同时，我们用 moneyness 的倒数作为因变量，剩余天数为自变量，用样条函数进行插

值，然后再以 0. 001 为间隔建立期权价格网络，则

$$\ln\left(\frac{K}{S}\right)=\sigma z_t+\left(\mu-\frac{\sigma^2}{2}\right)t$$

其中，K 是行权价格，S 是标的资产价格。

沪深 300 指数期权的标的是指数期货而非沪深 300 指数，如看涨期权 C22085100 表示到期月份是 2022 年 8 月，行权价格为 5100 的期权，其标的是 2022 年 8 月到期的股指期货。在本书中，为便于研究，我们假设标的统一为沪深 300 指数，而不是指数期货，K 是沪深 300 指数期权行权价格，S 是沪深 300 指数实时价格。这样的假设会导致最后一天的沪深 300 指数标的资产价格不是沪深 300 指数收盘价，而是最后两小时的加权平均价。二者之间存在价差。

对于看涨期权而言，K/S 值越低，说明期权行权价格越低于标的价格，意味着投资者将来会以低于市场价格的价格买到指数，越可能行权，期权价值越大；K/S 值越高，说明期权行权价格高于标的价格，即市场价格低于行权价格，投资者更愿意抛弃期权，选择从市场买入指数，从而越不可能行权，期权价值越小。当 $K/S<1$ 时，期权行权价格低于标的价格，此时期权为实值期权；当 $K/S>1$ 时，期权行权价格高于标的价格，此时期权为虚值期权。

对于看跌期权而言，K/S 值越低，行权价格越低于标的价格，意味着投资者会以市场价格卖出期权，从而放弃以行权价格卖出标的，越可能抛弃期权，期权价值越小；K/S 值越高，说明期权行权价格高于标的价格，投资者通过卖出标的获利更大，期权价值越高。当 $K/S<1$ 时，期权行权价格低于标的价格，此时期权为虚值期权；当 $K/S>1$ 时，期权行权价格高于标的价格，此时期权为实值期权。沪深 300 指数看涨期权插值价格如表 4. 1 所示。

表 4.1　沪深 300 指数看涨期权插值价格

日期	到期天数	K/S 值						
		0.97	0.98	0.99	1.0	1.01	1.02	1.03
2020 年 8 月 3 日	18	201	173	148	124	106	90	75
2020 年 8 月 4 日	17	196	165	140	119	99	82	67
2020 年 8 月 5 日	16	182	154	130	107	90	74	59
2020 年 8 月 6 日	15	182	154	129	107	88	72	59
2020 年 8 月 7 日	14	175	148	123	99	79	64	51
2020 年 8 月 10 日	11	167	138	111	87	70	56	43

从表 4.1 可以看出，K/S 相同时，随着到期日的临近，看涨期权的价格是逐渐降低的，但是 2020 年 8 月 6 日这一天很特别，期权的价格下跌得并不多。$K/S=1.0$ 时，行权价格和标的价格相同，此时期权就是平价期权。2020 年 8 月 5 日指数收益率为-0.0002734，8 月 6 日指数收益率为 0.0030，8 月 7 日指数收益率为 0.01164；同时 8 月 5 日的波动率不大，8 月 6 日的波动率也不大，但是到期日少了一天，理论上期权价格应该下降，但实际上期权价格并没有变化，8 月 7 日的波动率较大，理论上期权价格应该增加，但实际上期权价格却明显下跌。可以看出，期权价格与波动率并不是严格相关。沪深 300 指数看跌期权插值价格如表 4.2 所示。

表 4.2　沪深 300 指数看跌期权插值价格

日期	到期天数	K/S 值						
		0.97	0.98	0.99	1.0	1.01	1.02	1.03
2020 年 8 月 3 日	18	87	108	130	155	184	212	246
2020 年 8 月 4 日	17	72	89	112	136	164	196	229
2020 年 8 月 5 日	16	74	93	115	139	169	201	235
2020 年 8 月 6 日	15	71	89	113	137	164	194	228
2020 年 8 月 7 日	14	62	81	101	124	153	187	219
2020 年 8 月 10 日	11	54	70	92	116	145	178	210

从表4.2可以看出，K/S一定时，期权到期日减小，期权价格也逐渐减少，但2020年8月5日的期权价格例外。因此，期权价格并不是严格遵从到期日越近期权价格越低这一通常认识。

看跌期权与看涨期权具有同步性。8月5日期权价格出现异常，到期日减小，期权价格反而上升，8月4日指数收益率为-0.00094，8月5日指数收益率为-0.0002734，8月6日指数收益率为0.0030，8月7日指数收益率为0.01164。

当$K/S=1$时，8月5日、8月6日的期权价格高于8月4日的期权价格，8月7日指数变化较大，但是期权价格降低，这与理论不相符。

4.1.3 期权数据选择

期权流动性差异较大，其中，平价期权流动性最高，实值或者虚值期权流动性差，甚至深度实值或者虚值品种整天都没有交易。做市商制度的健康运转是建设高效稳健的期权市场的重要手段。期权异于股票、期货的最大特征之一就是合约数量巨大。如同时挂牌交易的沪深300股指期货合约只有4个，而同期挂牌的沪深300股指期权合约最少时为82个，随着行情的变动，合约数量甚至可能增加至数百个。在香港恒生指数期权市场，2013年8月22日当天挂牌交易的合约数量达866个，合约多导致市场资金分流。同样是分析判断4月中下旬沪深300指数的走势，期货的交易就集中在4月合约上，但是期权的交易却可能分散在不同执行价格的看涨期权与看跌期权合约上。

期权合约的成交不活跃，深度实值或者虚值期权流动性非常差。期权价格甚至会出现异常值，市场波动性较大时，期权价格会出现不合理性。比如在某些特殊日期，即使市场普遍看空，为了营造良好的气氛，也会组织大量资金托市。但是期权是随市场定价，期权的走势与指数期货的走势背离，这时期权价格数据出现异常。

利用看跌期权与看涨期权的平价公式对期权价格进行校验，可剔除异常价格。研究期权若采用成交价格，误差较大，为保证数据的可靠性，期权价格一般采用买入报价或者卖出报价。本书中如无特别声明，均采用期权买入报价。

4.2 期权估算价格比较

4.2.1 插值法精度比较

插值法的缺点是很多重要因素被忽视了，如波动率、无风险利率，为了保证样本的稳定性，我们考虑 K/S 的选择范围是 0.9 到 1.1 之间，对于看涨期权而言，K/S 越小，表示执行价格相对于标的资产价格越低，K/S 在 0.9 到 1.1 之间能够覆盖大多数情况。

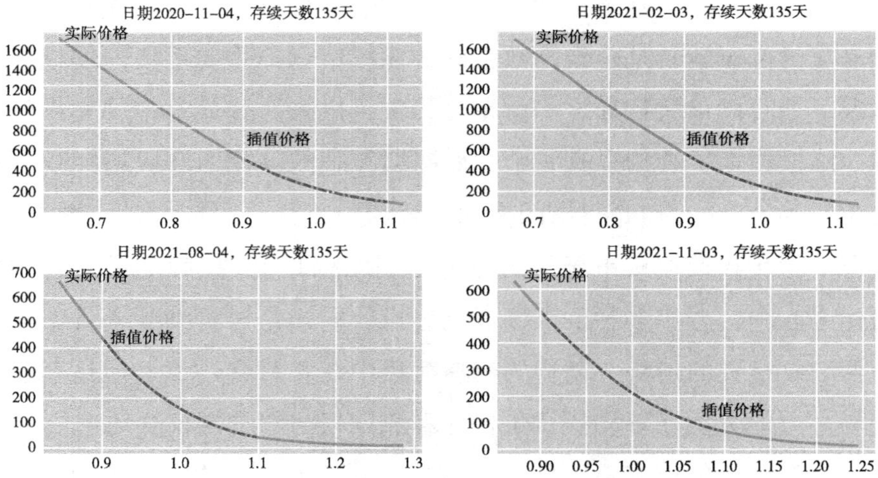

图 4.1 看涨期权实际价格与插值价格比较（存续期为 135 天）

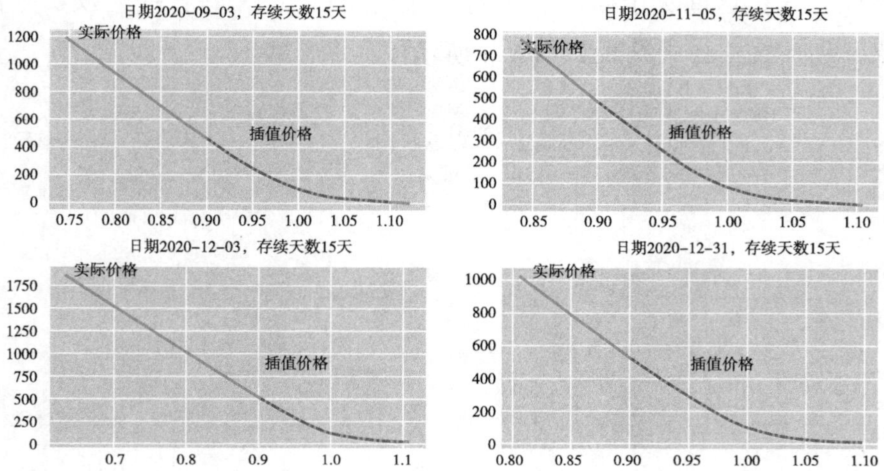

图 4.2 看涨期权实际价格与插值价格比较（存续期为 15 天）

从图 4.1 和图 4.2 可以看出，期权插值结果和实际价格几乎重合，走势几乎一致。同样地，我们使用样条函数对看跌期权价格进行插值，横轴是 K/S 值，纵轴是期权价格，插值结果如图 4.3 所示。

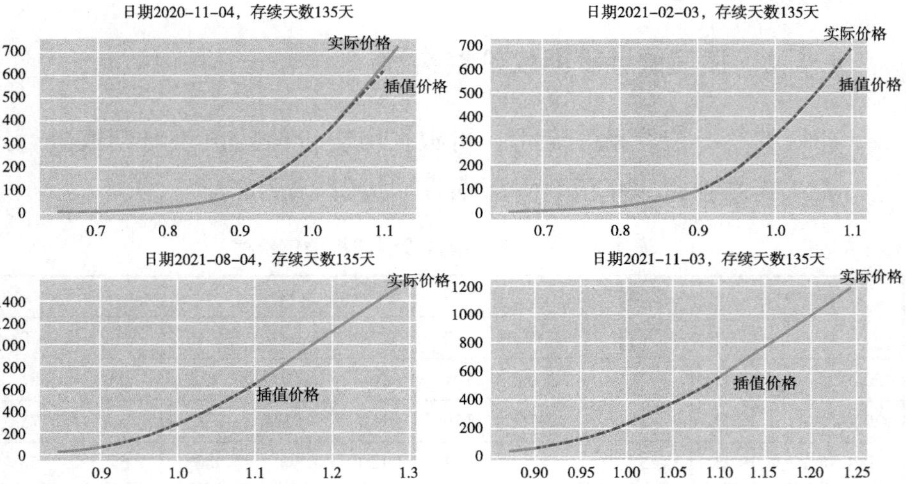

图 4.3 看跌期权实际价格与插值价格比较（存续期为 135 天）

从图 4.3 可以看出，期权插值结果和实际价格相似，说明使用样条函数对期权价格进行插值是合适的。只是在实际期权价格图中，横

坐标 *K/S* 的区间大于插值的区间。存续期为 15 天的看跌期权实际价格与插值价格比较结果如图 4.4 所示。

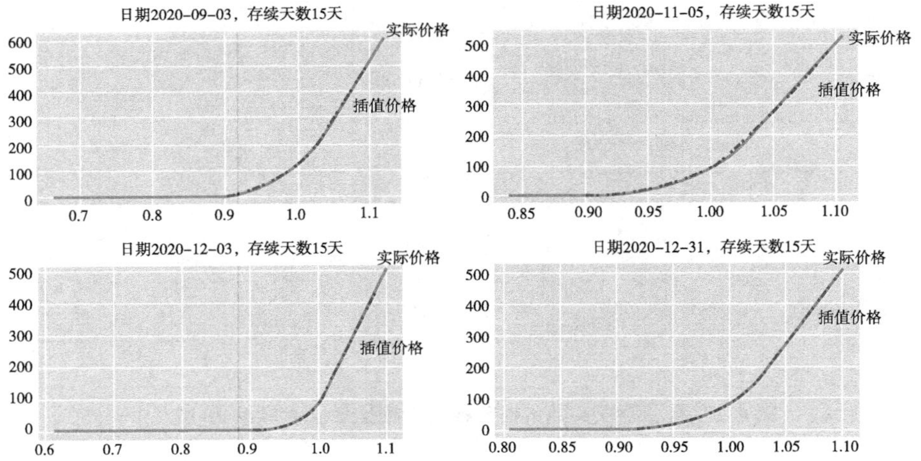

图 4.4 看跌期权实际价格与插值价格比较（存续期为 15 天）

从图 4.4 可以看出，对于存续期为 15 天的看跌期权而言，插值结果具有合理性。

4.2.2 插值法计算期权价格实例

期权的核心内容就是定价，可根据历史价格插值表对期权进行定价，表 4.3 是沪深 300 指数看涨期权插值价格表。

表 4.3 沪深 300 指数看涨期权插值价格

日期	到期天数	*K/S* 值						
		0.97	0.98	0.99	1.0	1.01	1.02	1.03
2020 年 10 月 15 日	36	220	191	164	140	118	98	81
2020 年 10 月 16 日	35	205	176	150	127	107	91	75
2020 年 10 月 19 日	32	172	144	120	98	80	67	53
2020 年 10 月 20 日	31	177	148	121	102	84	68	54
2020 年 10 月 21 日	30	186	157	129	106	87	71	58
2020 年 10 月 22 日	29	183	154	129	106	85	69	57

假设投资者在 2021 年 4 月 15 日持有 1 手看涨期权，到期日为 5 月 21 日星期五，存续期为 36 天，行权价为 5000，沪深 300 指数 4 月 15 日收盘价为 4948.98 点。这时 $K/S=5000/4948.98=1.0103$，在表 4.3 中，最接近的 K/S 值为 1.01，对应的价格为 118，我们就用 118 作为期权的收盘市值。假设 4 月 19 日沪深 300 指数上涨到 5040 点，存续期为 32 天，这时 $K/S=5000/5040=0.9921$，最接近的 K/S 值为 0.99，对应的价格为 120，持有盈亏为 120−118=2。如果 4 月 19 日沪深 300 指数上涨到 5100 点，这时 $K/S=5000/5100=0.9804$，最接近的 K/S 值为 0.98，对应的价格为 144，持有盈亏为 144−118=26。如果 4 月 19 日沪深 300 指数跌到 4900 点，这时 $K/S=5000/4900=1.0204$，最接近的 K/S 值为 1.02，对应的价格为 67，持有盈亏为 67−118=−51，亏损 51。实际上 4 月 19 日沪深 300 指数为 5087 点，这时 $K/S=5000/5087=0.9829$，最接近的 K/S 值为 0.98，对应的价格为 144，持有盈亏为 144−118=26。

4.2.3 期权价格与波动率之间的关系

传统期权定价公式的前提是股价服从几何布朗运动，但是实际上股价收益率服从 GARCH 模型，因此指数的收益率不是标准的几何布朗运动。很多重大事件都会对股价产生很大的冲击，特别是中美关系破裂具有突发性且不可预知，造成股票市场大幅震动，同样会引起期权价格大幅变动。我们先对存续期相同时的期权定价变化情况进行研究。表 4.4 展示了存续期相同的看涨期权价格对比情况。

表 4.4 存续期相同的看涨期权价格对比情况

日期	到期天数	K/S 值						
		0.97	0.98	0.99	1.0	1.01	1.02	1.03
2020 年 10 月 15 日	36	220	191	164	140	118	98	81
2020 年 10 月 16 日	35	205	176	150	127	107	91	75

续表

日期	到期天数	K/S 值						
		0.97	0.98	0.99	1.0	1.01	1.02	1.03
2020 年 10 月 19 日	32	172	144	120	98	80	67	53
2020 年 10 月 20 日	31	177	148	121	102	84	68	54
2020 年 10 月 21 日	30	186	157	129	106	87	71	58
2020 年 10 月 22 日	29	183	154	129	106	85	69	57
2021 年 4 月 15 日	36	187	157	130	107	87	69	54
2021 年 4 月 16 日	35	189	157	132	105	84	66	51
2021 年 4 月 19 日	32	199	164	133	107	85	67	51
2021 年 4 月 20 日	31	196	162	130	104	82	63	48
2021 年 4 月 21 日	30	186	154	124	98	77	60	45
2021 年 4 月 22 日	29	184	149	119	95	75	58	43

从表 4.4 可以看出，对于看涨期权而言，在到期日相同的情况下，K/S 值大时，期权价格相差较大；K/S 值小时，期权价格较为接近。使用历史价格对期权价格进行分析时面临差异性问题，可能是因为还有别的因素（如波动率、市场情绪等）没有考虑。$K/S=0.97$ 时，执行价格 K 相当于指数实际价格 S 被打了 97 折，2010 年 10 月 15 日和 2021 年 4 月 15 日，期权的到期日为 36 天，但是 2010 年 10 月 15 日的期权价格为 220，2021 年 4 月 15 日的期权价格为 187，二者相差 33。$K/S=1$ 时，期权价格也相差 33，$K/S=1.03$ 时，期权价格相差 27，K/S 值不同，期权价格的差值也不同。

我们再研究期权价格与波动率之间的关系。传统期权定价公式中，波动率是影响期权价格的重要因素，波动率越高，期权价格越大。

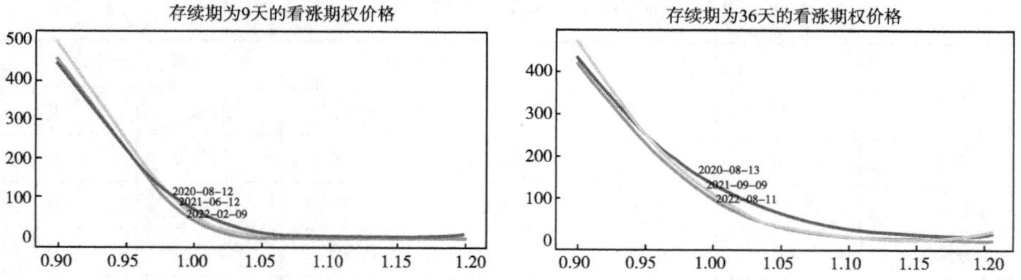

图 4.5 存续期分别为 9 天、36 天的看涨期权价格

图 4.5 中横轴为 *K/S* 值，纵轴为看涨期权价格，左图显示的是存续天数同为 9 天的看涨期权价格，右图显示的是存续期同为 36 天的看涨期权价格。可以看出，在两端期权价格趋于收敛，而在 $K/S=1$ 处期权价格分化较大。因为在两端确定性增加，走势趋向收敛，而在中间指数不确定性增加，期权价格发生分化。极度实值与极度虚值都是小概率事件，大概率不会发生，因此期权价格变化不大。到期日相同的情况下，*K/S* 接近于 1 时，期权价格曲线彼此分开，而 *K/S* 越大或者越小，期权价格曲线会发生粘连。

表 4.5 看跌期权价格与波动率的关系（存续期为 9 天）

K/S 值	皮尔逊相关		斯皮尔曼相关		肯德尔相关	
	系数	P 值	系数	P 值	系数	P 值
0.97	0.05	0.82	-0.09	0.67	-0.06	0.67
0.98	0.005	0.97	-0.16	0.46	0.1	0.49
0.99	-0.03	0.86	-0.17	0.43	-0.1	0.49
1.0	-0.08	0.7	0.17	0.43	-0.12	0.43
1.01	-0.09	0.65	0.23	0.28	-0.15	0.31
1.02	-0.11	0.61	-0.3	0.15	-0.18	0.22
1.03	-0.11	0.60	-0.29	0.17	-0.20	0.18

注：波动率定义为收益率的绝对值。

从表 4.5 可以看出，当存续期为 9 天时，波动率与期权价格有时为负相关，有时为正相关，但是相关系数都不大。

表 4.6　看跌期权价格与波动率的关系（存续期为 36 天）

K/S 值	皮尔逊相关		斯皮尔曼相关		肯德尔相关	
	系数	P 值	系数	P 值	系数	P 值
0.97	0.006	0.97	−0.08	0.68	−0.059	0.69
0.98	0.013	0.94	−0.01	0.93	0.006	0.98
0.99	0.001	0.99	−0.02	0.90	−0.019	0.90
1.0	0.00	0.99	−0.05	0.80	−0.026	0.87
1.01	0.011	0.95	−0.04	0.82	−0.026	0.87
1.02	0.02	0.91	0.00	0.97	0.00	0.98
1.03	0.013	0.94	−0.05	0.78	−0.039	0.79

从表 4.6 可以看出，对于存续期为 36 天的看跌期权而言，期权价格和波动率的相关系数不大，P 值都是显著增加的。

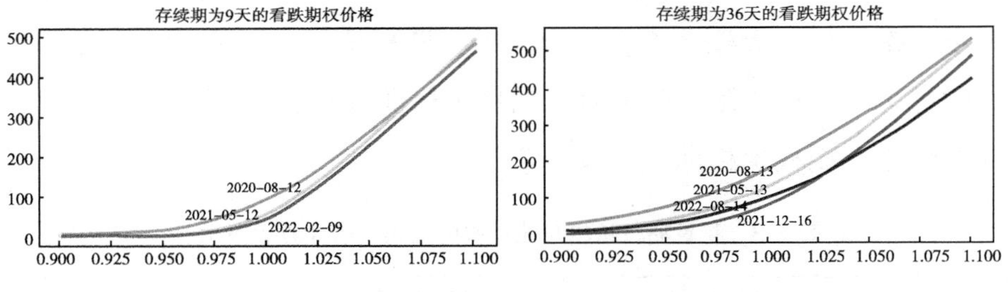

图 4.6　存续期分别为 9 天、36 天的看跌期权价格

K/S 越小，行权价格越低于股价，距离当前股价越远，看跌期权的价格越低。从图 4.6 可以看出，存续期同样为 9 天的看跌期权，价格也是不一样的，2020 年 8 月 12 日、2021 年 5 月 12 日、2022 年 2 月 9 日都有存续期为 9 天的看跌期权，也就是说，除了到期日因素还有别的因素会影响期权价格。同样地，对于看跌期权而言，*K/S* = 1 附近的期权价格曲线彼此分开，而当 *K/S* 很大或者很小时，期权价格曲线又开始互相靠近。

表 4.7　到期日同为 9 天的看涨期权价格

序号	日期	到期天数	K/S 值						
			0.97	0.98	0.99	1.0	1.01	1.02	1.03
1	2021 年 1 月 6 日	9	188	147	113	84	61	43	31
2	2021 年 2 月 10 日	9	187	138	98	67	43	27	18
3	2021 年 3 月 10 日	9	175	140	110	86	66	49	36
4	2020 年 12 月 9 日	9	167	125	87	59	38	23	15
5	2021 年 6 月 9 日	9	166	125	93	66	46	31	21
6	2020 年 11 月 11 日	9	165	126	92	66	45	30	20
7	2021 年 12 月 8 日	9	163	122	84	55	34	20	12
8	2021 年 5 月 12 日	9	161	120	86	58	37	24	15
9	2020 年 9 月 9 日	9	159	127	99	77	58	42	31
10	2022 年 1 月 12 日	9	159	115	80	50	30	17	9
11	2020 年 8 月 12 日	9	154	124	93	71	54	40	30
12	2021 年 9 月 8 日	9	153	115	82	58	38	23	14
13	2021 年 7 月 7 日	9	150	107	71	44	26	15	8
14	2021 年 11 月 10 日	9	146	107	74	48	29	16	9
15	2021 年 4 月 7 日	9	143	104	74	51	33	20	11
16	2022 年 2 月 9 日	9	141	104	69	43	25	14	7
17	2022 年 3 月 9 日	9	134	104	78	57	40	26	18
18	2022 年 7 月 6 日	9	134	102	76	54	37	25	16
19	2022 年 8 月 10 日	9	131	98	69	46	28	17	10
20	2022 年 6 月 8 日	9	129	97	70	49	34	22	14
21	2021 年 8 月 11 日	9	126	88	58	37	22	12	7
22	2022 年 4 月 6 日	9	125	92	64	43	28	17	10
23	2022 年 5 月 11 日	9	125	97	70	50	34	22	14
	极差（最大-最小）		63	55	55	49	44	37	29

从表 4.7 可以看出，相同的到期日下，期权价格变化很大。$K/S=0.97$ 时，期权价格从 125 到 188 不等，相差 63，而当 $K/S=1.03$ 时，期权价格从 7 到 36 不等，相差 29。期权价格越高，期权价格变化越大，但是波动率变化小；期权价格越低，期权价格变化越

小，波动率变化非常大。

4.3 到期日相同的期权价格分化

即使到期日相同，期权价格也存在很大不同，我们给出了存续期为9天的看涨期权价格，如图4.7所示。

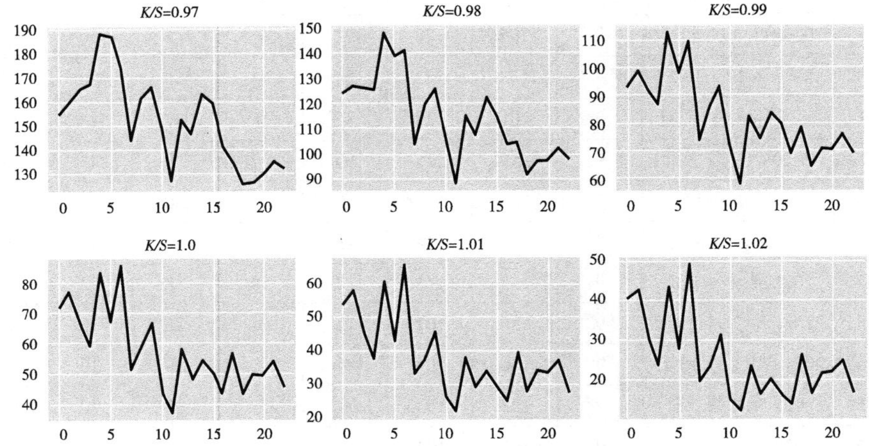

图4.7 相同存续期的看涨期权价格①

从图4.7可以看出，到期日相同的情况下，看涨期权价格变动幅度很大。

表4.8 到期日同为9天的看跌期权价格

序号	日期	到期天数	K/S值						
			0.97	0.98	0.99	1.0	1.01	1.02	1.03
1	2021年8月11日	9	17	29	49	78	113	154	198
2	2021年1月6日	9	31	45	64	88	119	156	197
3	2021年3月10日	9	39	55	72	98	127	159	197
4	2021年4月7日	9	20	34	55	81	113	151	195

① 存续期为9天。

续表

序号	日期	到期天数	K/S 值						
			0.97	0.98	0.99	1.0	1.01	1.02	1.03
5	2020 年 8 月 12 日	9	37	51	70	95	121	153	189
6	2021 年 2 月 10 日	9	18	27	44	70	103	143	188
7	2021 年 6 月 9 日	9	16	28	45	70	102	140	183
8	2021 年 7 月 7 日	9	11	20	36	60	92	133	178
9	2021 年 9 月 8 日	9	18	30	48	70	97	133	174
10	2020 年 9 月 9 日	9	30	44	61	82	109	139	173
11	2022 年 3 月 9 日	9	32	44	60	80	105	136	169
12	2022 年 7 月 6 日	9	24	35	53	74	100	132	168
13	2021 年 5 月 12 日	9	12	21	37	59	88	125	167
14	2021 年 11 月 10 日	9	12	21	36	57	86	122	163
15	2020 年 11 月 11 日	9	15	24	40	62	89	123	162
16	2022 年 6 月 8 日	9	22	33	48	68	93	123	157
17	2022 年 4 月 6 日	9	19	29	46	67	92	121	157
18	2022 年 5 月 11 日	9	27	37	52	70	92	120	154
19	2020 年 12 月 9 日	9	9	16	29	48	77	112	152
20	2021 年 12 月 8 日	9	7	13	25	45	73	109	151
21	2022 年 2 月 9 日	9	7	15	28	47	74	110	149
22	2022 年 1 月 12 日	9	6	12	22	41	69	104	146
23	2022 年 8 月 10 日	9	13	21	34	52	74	104	136

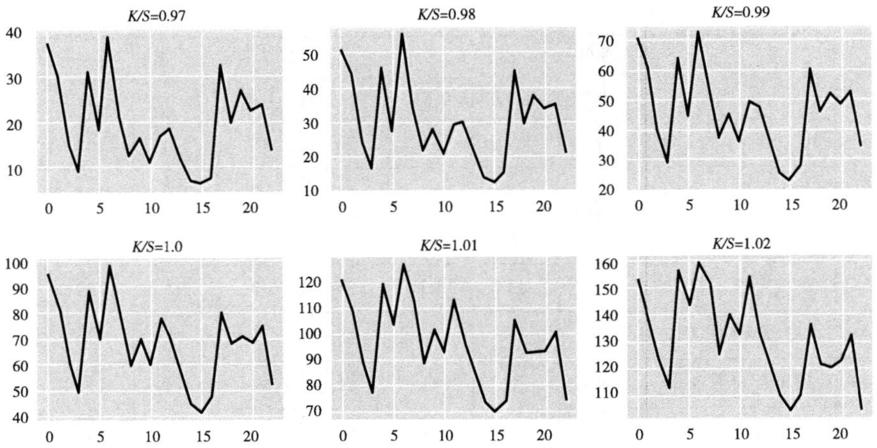

图 4.8　相同存续期的看跌期权价格①

从图 4.8 可以看出，存续期相同的情况下，看跌期权价格变动幅度很大，如果折算成比率变化将更大，这一差异也是需要进一步研究的问题。

4.4　期权 Delta

4.4.1　期权敏感指标德尔塔

期权德尔塔（Delta）是考察期权价格随标的价格变化情况的敏感指标。Delta 是管理资产头寸风险的重要参数，期权做市商尤为需要关注 Delta 值，因为其能反映出资产组合的方向性风险。当资产组合净头寸 Delta 值偏正需要降低时，可以通过卖空标的资产来对冲 Delta 风险；而当资产组合净头寸 Delta 值偏负需要提高时，可以通过买入标的资产来对冲 Delta 风险。

从资产管理的角度看，Delta 定义如下。

① 存续期为 9 天。

$$\text{Delta} = \frac{\text{期权价格变动}}{\text{标的资产价格变动}}$$

理论上期权 Delta 一般在-1 到 1 之间。从数学角度看，Delta 是期权价格相对于标的资产价格的偏导数，即

$$\text{Delta} = \frac{\partial c}{\partial p}$$

其中，c 代表期权价格，可以是看涨期权，也可以是看跌期权，p 代表标的资产价格。

对于传统期权定价公式，看涨期权的 Delta 如下：

$$\text{Delta} = N(d_1)$$

看跌期权的 Delta 如下：

$$\text{Delta} = N(-d_1) = N(d_1) - 1$$

其中

$$c = SN(d_1) - Ke^{-r(T-t)}N(d_2)$$

$$d_1 = \frac{\ln(S/K) + (r + \sigma^2/2)T}{\delta\sqrt{T}}$$

$$d_2 = d_1 - \delta\sqrt{T} = \frac{\ln(S/K) + (r - \sigma^2/2)T}{\delta\sqrt{T}}$$

其中，$N(d_1)$ 、$N(d_2)$ 是累积正态分布函数，c 为看涨期权价格，p 为看跌期权价格，S 是标的资产价格，K 是执行价格，r 是无风险利率，σ 是标的资产波动率，T 是期权存续期。

需要说明的是，该模型针对的是欧式期权。根据累积正态分布的性质可知，$0< N(d_1) <1$，因此对于看涨期权而言，Delta 的值总是在 0 到 1 之间，期权价格和标的资产价格正向运动，指数价格上升时看涨期权价格上升，指数价格下跌时看涨期权价格下跌。看跌期权的 Delta 总是大于-1 且小于 0，说明期权价格与标的资产价格反向运动，指数价格上升时期权价格下跌，指数价格下跌时期权价格上涨。

从 Delta 的解析式可以看出，Delta 和传统期权定价公式一样，其值取决于 S、r、σ、T、t。对于标的资产价格为 4573，执行价格为 4500，$r=5\%$的看涨期权和看跌期权，其 Delta 值如图 4.9 所示。

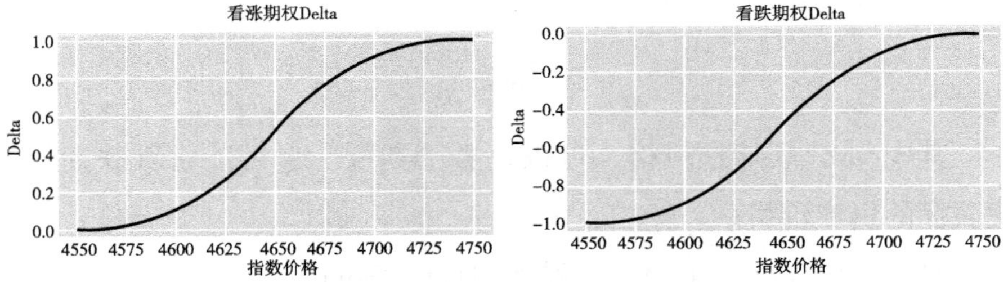

图 4.9　期权理论公式计算期权 Delta

图 4.9 左边是看涨期权 Delta，右边是看跌期权 Delta，无论是看涨期权还是看跌期权，其 Delta 值都是随着标的资产价格的上升而升高。

对于看涨期权而言，Delta 随着价格上涨而增加。期权处于深度虚值时，Delta 值趋向于 0；期权处于深度实值时，Delta 值趋近于 1。对于看跌期权而言，期权处于深度虚值时，Delta 值接近于 0。因此，当标的资产价格变化时，深度虚值的期权价格变化幅度相对小了很多。

表 4.9　Delta 理论变动范围

名称	看涨期权	看跌期权
实值期权	0 到 0.5 之间	−0.5 到 0 之间
平价期权	0.5	−0.5
虚值期权	0.5 到 1 之间	−1 到−0.5 之间

Delta 对标的资产进行对冲，随着时间的推移，原先组合的价格会发生变化，就需要在新的价格水平重新进行 Delta 对冲，Delta 对冲就是实现多次再平衡的过程。

4.4.2 Charm 指标

Charm 或称 Delta 衰减，衡量的是 Delta 相对于时间流逝的即时变化率，也被称作 Delta time。Charm 在衡量或者监测超过无风险对冲头寸时很有用。Charm 是期权价值的二阶导数，第一次是对价格，第二次是对时间。它同时也是 Theta 对于标的资产价格的导数。

$$\text{Charm} = \frac{\partial \Delta}{\partial t}$$

通常也用它来除以每年的天数得到每天的 Delta 衰减率。特别是当距离期权到期日时间比较长时，这种处理就非常确切。如果距离到期日很近，Charm 本身就会变化得比较快，会使 Delta 衰减到每天估计不准确。

Charm 值计算如下：

$$\text{Charm} = \frac{N'(d_1)\,d_2}{2T} - \frac{rN'(d_1)}{\sigma\sqrt{T}}$$

从上面公式可以看出，Charm 与时间成反比。Charm 在存续期 T 为 0 时变动非常大，非常难以捉摸，这也是期权吸引末日轮投资者的魅力所在。

4.4.3 插值法计算期权 Delta

我们使用插值法在计算期权价格的基础上计算 Delta。假设沪深 300 指数某日收盘价为 4573 点，某看涨期权的行权价格为 4500 点，存续期为 21 天，当前市场价格为 110，下面考虑存续期为 10 天的期权 Delta 情况。我们选用 2022 年 3 月到期的看涨期权，计算其 Delta，具体过程如下。

表 4.10 期权 Delta 计算过程（比率）

指标	存续期	指数	行权价格	价格	股价变化率				
起始	21	4573	4500	110	-0.02	-0.01	0	0.01	0.02
指数变化	—	—	—	—	-91	-45	0	45	91
预期 *S*	10	—	—	—	4481	4527	4573	4618	4664
预期 *K/S*	10	—	—	—	1.004	0.994	0.984	0.974	0.964
预期价格	10	—	—	—	52	72	97	126	157
价格变化	10	—	—	—	-58	-38	-13	16	47
Delta	10	—	—	—	0.63	0.84	—	0.35	0.51

从表 4.10 可以看出，对于存续期为 10 天的看涨期权，股价下跌 2%时，期权的 Delta 值为 0.63；股价下跌 1%时，期权的 Delta 值为 0.84；股价上涨 1%时，期权的 Delta 值为 0.35；股价上涨 2%时，期权的 Delta 值为 0.51。表 4.11 是存续期为 10 天的看涨期权 Delta 计算过程。

表 4.11 期权 Delta 计算过程（点数）

指标	存续期	指数	行权价格	价格	股价变化率				
起始	21	4573	4500	110	-0.02	-0.01	0	0.01	0.02
指数变化	—	—	—	—	-100	-50	0	50	100
预期 *S*	10	—	—	—	4473	4523	4573	4623	4673
预期 *K/S*	10	—	—	—	1.006	0.994	0.984	0.973	0.962
预期价格	10	—	—	—	49	72	97	129	163
价格变化	10	—	—	—	-61	-38	-13	19	53
Delta	10	—	—	—	0.61	0.76	—	0.38	0.53

从表 4.11 可以看出，对于存续期为 10 天的看涨期权，股价下跌 100 点时，期权价格下跌 61 点，Delta 值为 0.61；股价下跌 50 点时，期权价格下跌 38 点，Delta 值为 0.76；股价上涨 50 点时，期权价格上涨 19 点，Delta 值为 0.38；股价上涨 100 点时，期权价格上涨 53 点，此时 Delta 值为 0.53。

4.4.4 期权 Delta 中性对冲策略

无论标的资产是空头或者多头，Delta 记为 Δ，Δ 值可正可负，组合内的标的资产和期权以及其他衍生证券合理搭配就可以使得组合的 Δ 等于 0，这样的组合就是 Δ 中性策略。Delta 是期权最重要的参数，可对抗时间衰减和波动率衰减。

例如某个看涨期权的 Delta 值为 0.5，表示当股价变化 ΔS 时，期权价格变化为 $0.5\Delta S$。假设期权价格为 10，股票价格为 100，某个投资者卖空了 1 份（100 股股票期权）该看涨期权，投资者可以购买 $0.5\times100=50$ 股股票来对冲风险，这样的投资组合为 Delta 中性策略。假如股票价格下跌 1 元，投资于股票的损失为 50 元，而期权收益为 $0.5\times100=50$ 元，也就是说，无论股票价格如何变化，资产组合的 Delta 值始终为 0，这种投资策略又称为 Delta 中性投资策略。

2022 年 8 月 23 日沪深 300 指数的收盘价格为 4023 点，当日交易的期权有 6 个，分别是 C2209、C2210、C2211、C2212、C2203、C2206。C2209 的存续期为 11 天，C2210 的存续期为 46 天，C2211 的存续期为 74 天，C2212 的存续期为 102 天，C2203 的存续期为 193 天，C2206 的存续期为 284 天。

假设某投资者 2022 年 8 月 23 日持有 1 份指数合约，当日收盘价为 4161 点，我们采用指数期权进行风险管控，于是卖出一份 2022 年 9 月到期，执行价格为 4000 的空头。该期权的存续期为 24 天，我们使用前一天的 Delta 来调整当天期权头寸。

表 4.12 期权 Delta 组合

日期	指数价格	C2209_4000	存续期	*K/S*	Delta	1/Delta	市值
2022 年 8 月 23 日	4161	171	24	0.961	1.1815	0.8463	4016.35
2022 年 8 月 24 日	4082	119	23	0.979	0.7263	1.3768	3918.57
2022 年 8 月 25 日	4116	139	22	0.971	0.7134	1.4016	3921.41

续表

日期	指数价格	C2209_4000	存续期	*K/S*	Delta	1/Delta	市值
2022年8月26日	4107	131	21	0.973	0.7095	1.4092	3922.93
2022年8月29日	4089	115	18	0.978	0.7775	1.2861	3941.61
2022年8月30日	4075	105	17	0.981	0.7391	1.3528	3933.74
2022年8月31日	4078	108	16	0.98	0.7402	1.3509	3932.93
2022年9月1日	4043	82	15	0.989	0.6518	1.5341	3917.94
2022年9月2日	4023	67	14	0.994	0.6903	1.4484	3926.56
2022年9月5日	4015	59	11	0.996	0.5806	1.4865	3927.72

表4.12中，市值的计算方式为一份指数合约和1/Delta份期权市值之差，即

$$市值=指数价格-C2209\_4000\times 1/Delta$$

开始时的市值为4016.35点，最后的收盘市值为3927.72点，指数下跌146点，组合市值下跌89点，依据表4.12，Delta中性可以减少持有指数合约的风险，但是不能完全规避指数下跌时的风险。而且我们看到2022年8月23日指数大跌79点，期权Delta出现了大于1的异常值。Delta中性的组合市值如图4.10所示。

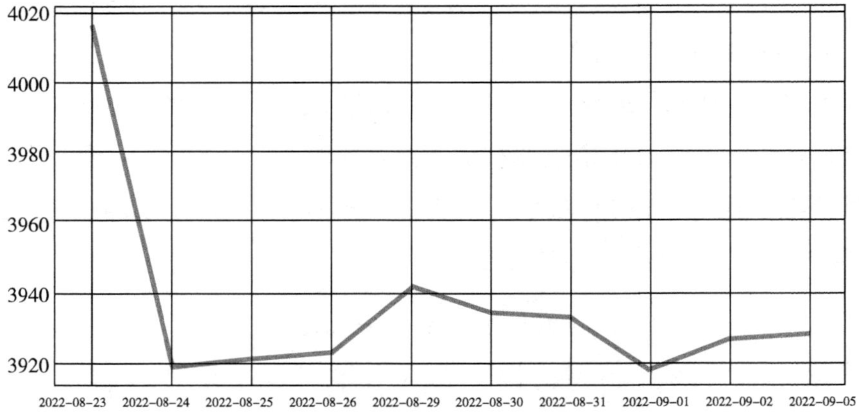

图4.10 Delta中性市值

我们考虑实现上述策略期权所支付的成本，持有期权空头的成本

如表 4. 13 所示。

表 4. 13　持有期权空头成本

日期	C2209_4000	*K/S*	Delta	1/Delta	头寸变动	盈亏变动
2022 年 8 月 23 日	171	0. 961	1. 1815	0. 8463	0. 0000	0. 0000
2022 年 8 月 24 日	119	0. 979	0. 7263	1. 3768	0. 5304	44. 0112
2022 年 8 月 25 日	139	0. 971	0. 7134	1. 4016	0. 0247	-27. 5368
2022 年 8 月 26 日	131	0. 973	0. 7095	1. 4092	0. 0076	11. 2130
2022 年 8 月 29 日	115	0. 978	0. 7775	1. 2861	-0. 1231	22. 5481
2022 年 8 月 30 日	105	0. 981	0. 7391	1. 3528	0. 0666	12. 8613
2022 年 8 月 31 日	108	0. 98	0. 7402	1. 3509	-0. 0018	-4. 0584
2022 年 9 月 1 日	82	0. 989	0. 6518	1. 5341	0. 1831	35. 1253
2022 年 9 月 2 日	67	0. 994	0. 6903	1. 4484	-0. 0856	23. 0115
2022 年 9 月 5 日	59	0. 996	0. 5806	1. 4865	0. 03810	11. 5876
合计	—	—	—	—	—	128. 7630

Delta 对冲可以部分消除标的变动的影响，但并不能完全消灭期权变动的风险，Delta 对冲是多次动态实现资产平衡的过程。对冲误差如表 4. 14 所示。

表 4. 14　持有期权空头对冲误差

日期	指数价格	指数盈亏	期权盈亏	对冲误差
2022 年 8 月 23 日	4161. 0841	0. 00	0. 0000	0. 0000
2022 年 8 月 24 日	4082. 4195	-78. 66	44. 0112	-34. 6515
2022 年 8 月 25 日	4116. 2396	33. 82	-27. 5368	6. 2832
2022 年 8 月 26 日	4107. 5455	-8. 69	11. 2130	2. 5189
2022 年 8 月 29 日	4089. 5205	-18. 02	22. 5481	4. 5231
2022 年 8 月 30 日	4075. 7937	-13. 72	12. 8613	-0. 8654
2022 年 8 月 31 日	4078. 8402	3. 04	-4. 0584	-1. 0119
2022 年 9 月 1 日	4043. 7395	-35. 10	35. 1253	0. 0246
2022 年 9 月 2 日	4023. 6131	-20. 12	23. 0115	2. 8851

续表

日期	指数价格	指数盈亏	期权盈亏	对冲误差
2022年9月5日	4015.4300	-8.18	11.5876	3.4045
合计	—	-145.65	128.7630	-16.8892

从表4.14可以看出，持有指数合约的损失为145.65点，持有期权对冲的收益为128.76点，盈亏相抵，组合损失为16.89点。指数盈亏、期权盈亏及总体盈亏如图4.11所示。

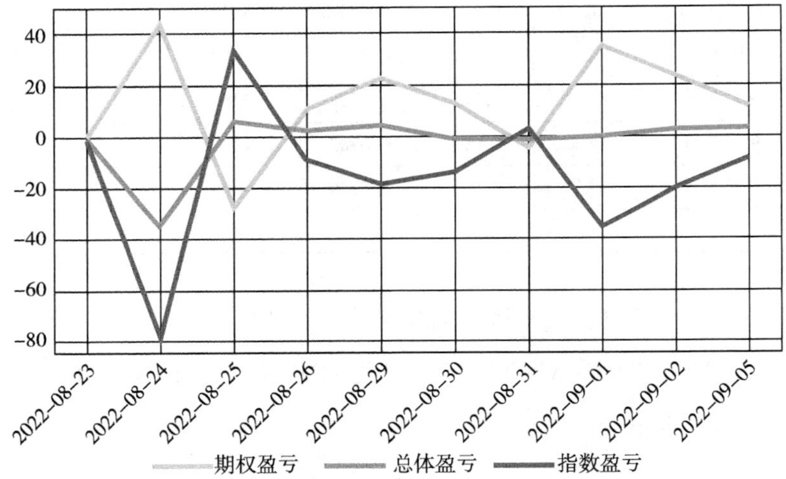

图4.11　指数盈亏与期权盈亏比较

从图4.11可以看出，指数盈亏是最大的，期权盈亏次之，总体盈亏是平稳的。期指价格发生剧烈变动时，期权对冲不了指数的损失，我们应该看到2022年8月24日为异常点，其他日期变动不大。

总体盈亏的稳定性较指数盈亏高，期权Delta对冲策略可以减少风险，但只能尽可能实现Delta中性，实际上无法完全实现风险中性。

4.5　期权插值计算方式改进

为消除标的资产价格的影响，我们观察期权定价公式，即

Black-Scholes 方程：

$$\frac{\partial f}{\mathrm{d}t} + rS\frac{\partial f}{\mathrm{d}S} + \frac{1}{2}\sigma^2 S^2 \frac{\partial^2 f}{\mathrm{d}S^2} - rf = 0$$

Black-Scholes 方程表明金融衍生品定价可以用偏微分方程表示，这样就将各种不同衍生证券对应于不同到期现金流。欧式看涨期权价格计算公式如下：

$$C = SN\left(\frac{\ln\left(\frac{S}{K}\right) + \left(r + \frac{\sigma^2}{2}T\right)}{\sigma\sqrt{T}}\right) - Ke^{-rT}N\left(\frac{\ln\left(\frac{S}{K}\right) + \left(r - \frac{\sigma^2}{2}T\right)}{\sigma\sqrt{T}}\right)$$

其中，S 为股票价格，K 是执行价格，$N(\cdot)$ 是正态分布函数，r 是无风险利率，T 是期权存续期，σ 是标准差。我们将期权定价公式重新整理，则有

$$\frac{C}{S} = N\left(\frac{\ln\left(\frac{S}{K}\right) + \left(r + \frac{\sigma^2}{2}T\right)}{\sigma\sqrt{T}}\right) - \frac{K}{S}e^{-rT}N\left(\frac{\ln\left(\frac{S}{K}\right) + \left(r - \frac{\sigma^2}{2}T\right)}{\sigma\sqrt{T}}\right)$$

从上面的公式可以看出，C 与 S 之间是正比例关系，我们把以前对期权价格 C 的插值改变为对 $\frac{C}{S}$ 的插值，这样可以抵消标的资产价格 S 的影响，插值方程形式如下：

$$\frac{C}{S} = f\left(\frac{K}{S}\right)$$

假设 $x = \frac{K}{S}$，$y = \frac{C}{S}$，上式可以变化为

$$y = N\left(\frac{\ln(x) + \left(r + \frac{\sigma^2}{2}T\right)}{\sigma\sqrt{T}}\right) - xe^{-rT}N\left(\frac{\ln(x) + \left(r - \frac{\sigma^2}{2}T\right)}{\sigma\sqrt{T}}\right)$$

这样可以消除股价量纲影响。

第 5 章

平价指数期权

5.1 平价期权基本特征

期权的价值包括内在价值与时间价值两个部分，内在价值就是期权持有者立即行权得到的收益，期权价格减去内在价值就是时间价值。

期权价格 = 内在价值+时间价值

期权合约根据当前立即行权所得收益的不同分为实值期权、虚值期权、平价期权三种。看涨期权与看跌期权的执行价格与时间价值之间的关系如图 5.1 所示。

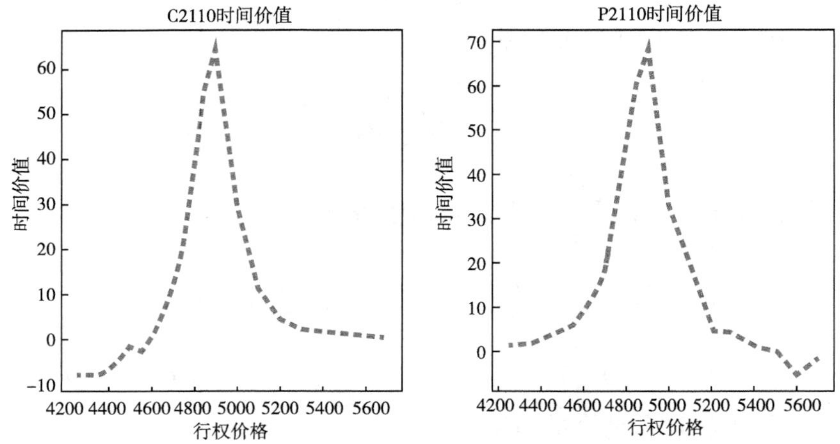

图 5.1　期权行权价格与时间价值的关系

从图 5.1 可以看出时间价值与行权价格之间呈尖峰关系，峰值在平价执行价格处，也就是平价期权的时间价值最高，实值与虚值程度越大，时间价值越小。

平价期权就是当前行权收益为零，实值期权就是当前行权收益为正，虚值期权就是当前行权收益为负，表 5.1 展示了三类期权的分类标准。

表 5.1　期权分类标准

名称	看涨期权	看跌期权
实值期权	执行价格<标的当前价格	执行价格>标的当前价格
虚值期权	执行价格>标的当前价格	执行价格<标的当前价格
平价期权	执行价格=标的当前价格	执行价格=标的当前价格

实值期权、虚值期权、平价期权这三种期权各有优缺点。虚值期权立即行权可以获得正收益但是期权价格较高。深度实值期权的流动性比较差，报价的买卖价差很大，频繁买卖会产生很大的费用。平价期权立即行权收益为 0，但是期权价格低。实际上，实值、平价、虚值都是暂时的，股票价格变动会导致实值期权与虚值期权相互转换，虚值期权有转成实值期权的可能，因此虚值期权也有价值，只是价值相对于实值期权较低。通常在交易安排中虚值期权的价值较低，可能适合长线投资策略；实值期权和短线交易盈亏方向一致，可能适合做短线交易。

期权价格是内在价值和时间价值的综合体，由于股价等于行权价格的机会很少，本章使用插值法推算出平价期权价格。

随着时间的推移，期权的时间价值会不断下跌，图穷匕见，等到最后一天所有义务都将了结，买卖双方激烈博弈，时间价值是期权的灵魂。图 5.2 展示了平价看跌期权价格与存续期衰减之间的关系。

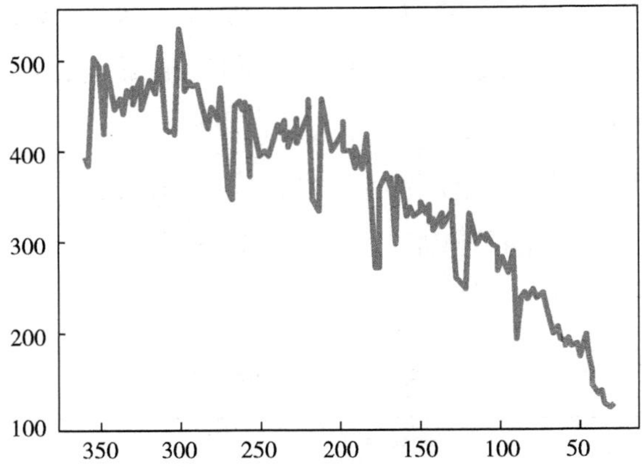

图 5.2　平价看跌期权价格与存续期衰减的关系

从图 5.2 可以看出，随着到期日临近，平价看跌期权价格逐渐下降，其间期权价格虽有涨有跌，但是以跌为主，上涨只是调整快速下跌。有人认为时间因素只有在临近到期日时才会产生较大影响，但这种提法是有问题的，期权价格在存续期还有半年时就开始快速衰减了，走上了向零回归之路。平价看跌期权每天涨跌幅度见图 5.3。

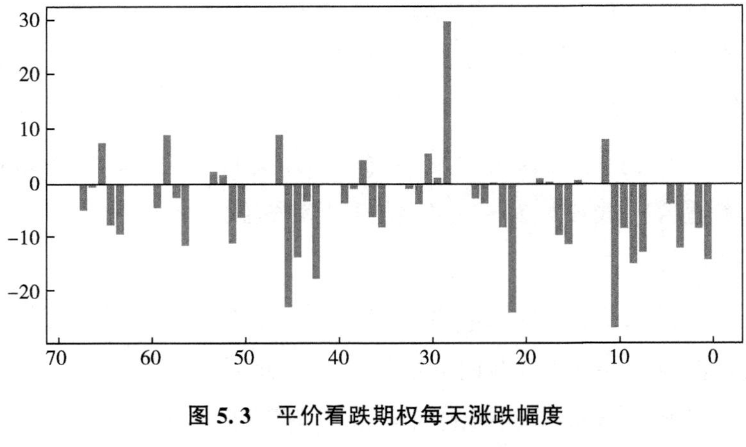

图 5.3　平价看跌期权每天涨跌幅度

从图 5.3 可以看出，平价看跌期权临近到期日时几乎每日都是下跌，跌幅并没有减少，我们把跌幅转换为下跌比率，得到图 5.4。

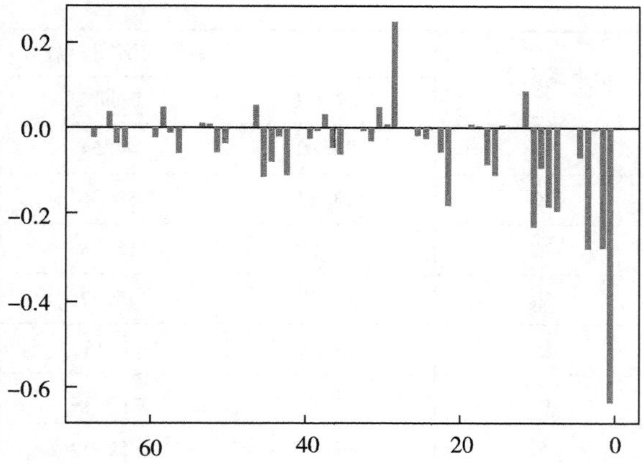

图 5.4 平价看跌期权日收益率

从图 5.4 可以看出，平价看跌期权日收益率基本为负，同时越是临近到期日，收益率下降得越快。到期日为 20 天时，衰减的速度开始加快，呈跳跃性下降。

5.2 平价期权价格影响因素研究

5.2.1 平价看涨期权价格影响因素

下面我们考察平价看涨期权的情况。如果持有一手初始剩余天数为 50 天，行权价格和股价相等，标的资产为沪深 300 指数的看涨期权，假设标的资产价格上涨 2%，则不同到期日下期权的盈利情况如表 5.2 所示。

表 5.2 持有平价看涨期权的收益

初始剩余天数	结束剩余天数	平价看涨期权盈亏		
		时期 1	时期 2	时期 3
50	45	76.63	39.79	47.92
50	40	55.03	58.29	27.61

续表

初始剩余天数	结束剩余天数	平价看涨期权盈亏		
		时期 1	时期 2	时期 3
50	35	25. 80	44. 54	13. 79
50	30	18. 42	39. 36	-14. 99
50	25	18. 50	15. 28	-3. 39
50	20	14. 17	15. 27	-4. 25
50	15	28. 39	4. 26	-59. 30
50	10	13. 63	-28. 12	-59. 30
50	5	-3. 50	-52. 69	-48. 62

注：持仓手数为 1 手。时期 1：模拟 2021 年 7 月 29 日至 9 月 12 日。时期 2：模拟 2021 年 7 月 1 日至 8 月 15 日。时期 3：模拟 2021 年 5 月 27 日至 8 月 11 日。

表 5. 2 最右边是三个时期的平价看涨期权收益，可以看出，随着时间的推移，投资者持有平价看涨期权逐渐从盈利变为亏损。该平价看涨期权受到两种因素影响，一是股票价格上升导致期权价格上升；二是时间因素导致期权价格在减少。同时，沪深 300 指数上涨越早，持有期权盈利越明显；持有时间越短，期权的时间价格减少越小。对于看跌期权而言，股价下跌导致看跌期权价值上升。如果指数下跌点数相同，下跌时间越短，看跌期权时间价格减少越小。时期 1 期权盈亏比较稳定，剩余天数为 5 天时开始出现亏损。而时期 3 期权盈亏不稳定，剩余天数为 30 天时开始出现亏损，剩余天数为 15 天时亏损突然加大。时期 3 模拟 2021 年 5 月 27 日到 8 月 11 日，其间沪深 300 指数经历了大幅下跌，导致平价看涨期权时间价值大幅衰减。

影响期权价格的主要因素是波动率与时间价格，对于平价看跌期权而言，价格下跌时间越早对期权持有者越有利。对于平价看涨期权而言，价格上涨时间越短对期权持有者越有利。当沪深 300 指数价格变化不大时，波动率对期权价格影响很大。即使开始时盈利的期权也会随着时间的流逝而出现亏损。期权头寸盈亏方式存在很大差别，有时很均匀，有时则会出现跳跃的情况。

5.2.2 平价看跌期权价格影响因素

从 Black-Scholes 方程看，影响期权价格的因素有很多，包括指数价格、期权的行权价格、无风险利率等。事实上，除了上述通用因素以外还有其他因素，如市场的氛围以及市场的情绪，这些因素也会影响期权价格。

考虑持有 1 手平价看跌期权，初始剩余天数为 50 天，行权价格和股价相等，标的资产是沪深 300 指数，假设标的资产价格下跌 2%，则不同到期日下的持有期权盈利情况如表 5.3 所示。

表 5.3 持有平价看跌期权的收益

初始剩余天数	结束剩余天数	平价看跌期权盈亏		
		时期 1	时期 2	时期 3
50	45	43.58	12.11	69.33
50	40	52.13	13.04	46.69
50	35	26.12	-13.62	25.94
50	30	11.48	-11.10	3.85
50	25	13.34	-8.91	-14.89
50	20	2.28	-15.01	-21.31
50	15	-16.87	-15.86	8.57
50	10	-30.60	-36.24	-57.21
50	5	-50.62	-70.57	-62.02

注：持仓手数为 1 手。时期 1：模拟 2021 年 7 月 29 日至 9 月 12 日。时期 2：模拟 2021 年 7 月 1 日至 8 月 15 日。时期 3：模拟 2021 年 5 月 27 日至 8 月 11 日。

表 5.3 最右边是三个时期的平价看跌期权盈亏，可以看出，随着时间的推移，投资者持有该期权逐渐从盈利变为亏损。该平价看跌期权受到两种因素影响，一是指数价格下跌导致看跌期权价格上升，二是时间因素导致期权价格在减少。同时，指数下跌越早，持有期权盈

利越明显；持有时间越短，期权的时间价格减少越小。股价下跌导致看跌期权价值上升。如果指数下跌点数相同，下跌时间越短，看跌期权时间价格减少越小。最快持有 15 天开始出现亏损，最晚持有 30 天就会出现亏损。

持有期权的盈亏并不是持续的，而是会出现盈亏交替现象。即使剩余天数相同，期权价格变化也很大。时期 2 对应的盈利最低，而时期 3 的盈利次低。

5.3 平价期权价格拟合

5.3.1 线性最小二乘拟合

线性最小二乘拟合是最常用的近似方法，其基本思路为

$$f(x)=a_1r_1(x)+a_2r_2(x)+\cdots+a_mr_m(x)$$

其中，$r_1(x)$，$r_2(x)$，$r_3(x)$，…，$r_m(x)$ 是一组线性无关的函数，a_1，a_2，a_3，…，a_m 是需要确定的系数。系数的选择满足 y_i 与 $f(x_i)$ 之间的距离 d_i（记 $d_i^2=(y_i-f(x_i))^2$）平方和最小。这种准则被称为最小二乘准则。记 $d(a_1, a_2, \cdots, a_m)=\sqrt{\sum_{i=1}^{n}(y_i-f(x_i))^2}$。

由极值定理可知必须有 $\frac{\partial\ d(a_1, a_2, \cdots, a_m)}{\partial\ a_i}=0$，于是求使得 d 最小的 a_1，a_2，a_3，…，a_m 是求解以下线性方程组：

$$\sum_{i=1}^{n}r_j(x_i)\left[y_i-\sum_{k=1}^{m}a_kr_k(x_i)\right]=0\ , j=1, 2, \cdots, m$$

即求解如下线性方程组：

$$\sum_{k=1}^{m}a_k\left[\sum_{k=1}^{n}r_j(x_i)r_k(x_i)\right]=\sum_{i=1}^{n}r_j(x_i)y_i$$

若记

$$R = \begin{pmatrix} r_1(x_1) & \cdots & r_m(x_1) \\ & & \\ r_1(x_n) & & r_m(x_{n1}) \end{pmatrix}_{n \times m}, A = \begin{pmatrix} a_1 \\ a_2 \\ \cdots \\ a_m \end{pmatrix}, Y = \begin{pmatrix} y_1 \\ y_2 \\ \cdots \\ y_n \end{pmatrix}$$

则线性方程组可以表示为

$$R^T RA = R^T Y$$

当 $r_1(x)$，$r_2(x)$，$\cdots$，$r_m(x)$ 线性无关时，R 为列满秩，$R^T R$ 可逆，所以该方程组有唯一解，即

$$A = (R^T R)^{-1} R^T Y$$

线性最小二乘拟合的误差通常考虑以下形式：

$$\varepsilon_1 = \sqrt{\sum_{i=1}^{n} (y_i - f(x_i))^2}$$

5.3.2 期权价格拟合

我们所选择的期权标的是 2021 年 9 月到期的沪深 300 指数期权 IO2109C，对当日期权报价进行插值计算后得到平价期权价格，本章数据如不作说明即为看涨期权的买入价格，使用二次函数 $ax^2 + bx + c$ 拟合平价期权价格，根据最小二乘法可得拟合函数如下：

$$-0.00172155x^2 + 1.54371274x + 34.968611$$

拟合价格与期权插值价格结果如图 5.5 所示。

由图 5.5 可以看出，拟合价格呈下跌趋势，临近到期日时，期权价格的拟合效果很差。我们把插值得到的价格视为目标价格，则估计结果误差如表 5.4 所示。

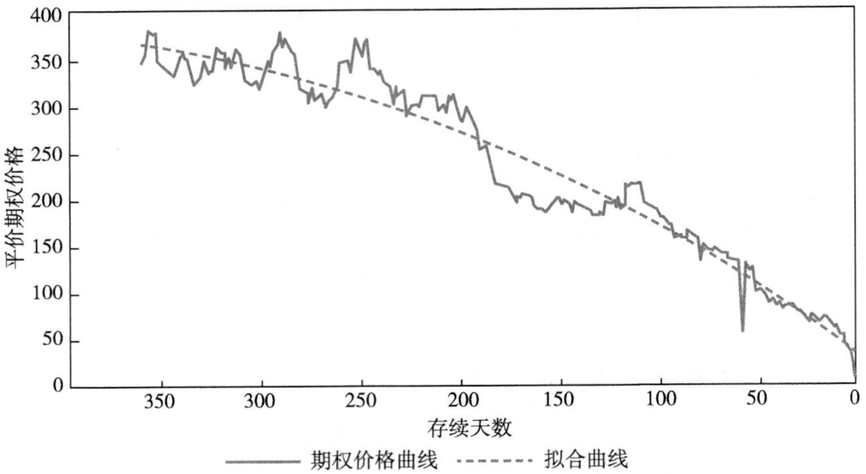

图 5.5　平价期权衰减速度拟合

表 5.4　拟合价格与目标价格差异

天数	目标价格	拟合价格	误差	天数	目标价格	拟合价格	误差
2	29.31	38.04	8.91	338	353.23	346.38	-6.85
4	39.69	41.28	1.58	340	354.88	347.58	-7.30
6	53.54	44.16	-9.23	352	349.88	357.55	7.67
9	52.62	47.20	-5.27	354	378.78	359.67	-19.11
10	62.39	50.23	-12	358	356.53	364.30	7.77
14	70.18	56.42	-13.76	360	346.97	366.82	19.86

我们使用二次函数拟合价格，临近到期日时效果比较差。2021 年 7 月 22 日拟合误差出现了一个向下跳跃，误差达到 63.36，7 月 23 日股市大跌 1.21%，7 月 24 日下跌 3.22%，7 月 27 日下跌 3.53%，其间茅指数领跌。

同时，拟合曲线也存在均值回归效应，如果偏离拟合曲线过大，后面会向拟合曲线聚合。另外，存续期较大时拟合误差较小。我们把存续期分为两个时间段，时间段 A：200 天以上，时间段 B：50 天到 200 天。200 天以上的拟合曲线如图 5.6 所示。

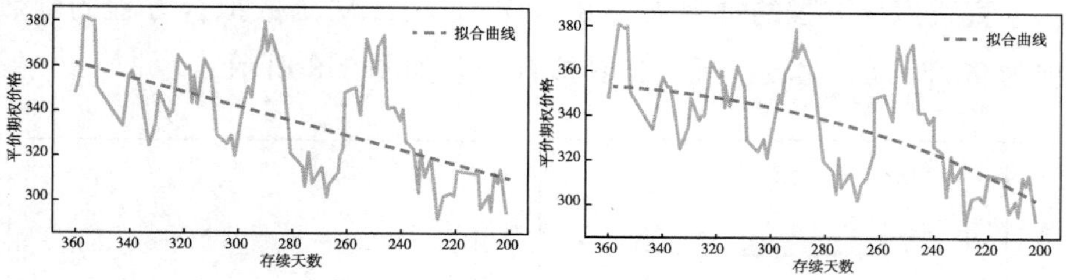

图 5.6　200 天以上的拟合曲线

图 5.6 的左边是直线拟合结果，右边是二次函数拟合结果。值得注意的是，图 5.6 的 X 坐标轴日期刻度是逆序的，从左到右刻度逐渐减少，所有曲线都是向下倾斜的，并没有违反平价期权价格与到期日正相关这一规则。左图直线拟合的方程如下：

$$y = 0.3188x + 245.8767$$

右图二次函数拟合的方程如下：

$$y = -0.001782x^2 + 1.3167x + 109.6248$$

可以看出二次函数和一次函数的系数不同，截距项也不相同。50 天到 200 天的直线拟合与二次函数拟合结果如图 5.7 所示。

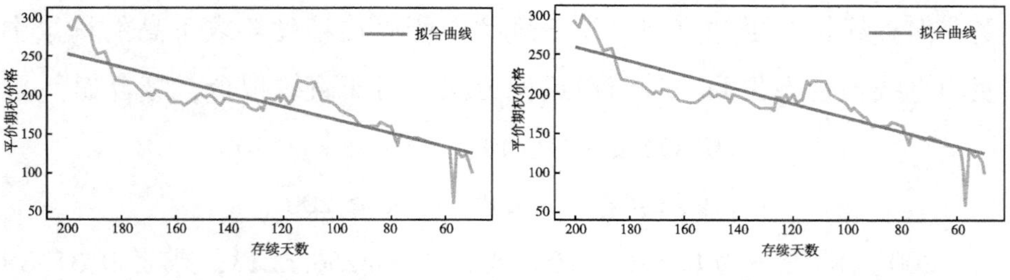

图 5.7　50 天至 200 天的直线拟合与二次函数拟合结果

图 5.7 左边是直线拟合结果，右边是二次函数拟合结果。直线拟合的方程如下：

$$y = 0.8761x + 81.4013$$

二次函数拟合的方程如下：

$$y = 0.0006925x^2 + 0.7031x + 90.8331$$

直线拟合方程的常数项是 81. 4013，而二次函数拟合方程的常数项为 90. 8331，比较接近。二者拟合误差如图 5. 8 所示。

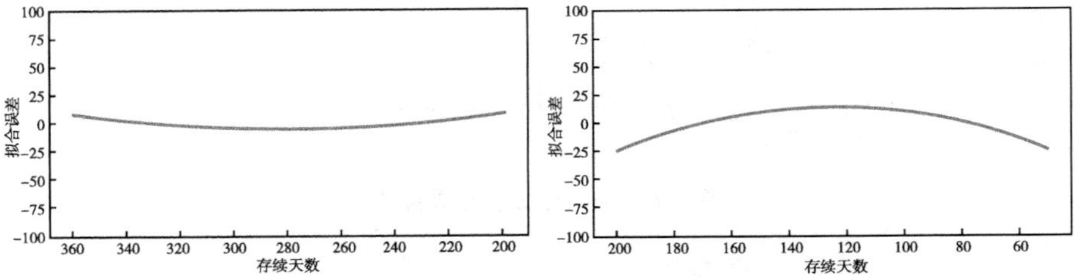

图 5. 8　直线拟合与二次函数拟合的误差

图 5. 8 的左图是 200 天以上直线拟合与二次函数拟合的误差，右图是 50 天到 200 天直线拟合与二次函数拟合的误差。可以看出 200 天以上的拟合误差小于 50 天到 200 天的拟合误差。比较 200 天以上的拟合效果和 50 天到 200 天的拟合效果，200 天以上的平价期权价格每天大约下降 0. 3188，而 50 天到 200 天的平价期权价格每天大约下降 0. 8761，期权衰减速度随时间推移越来越快。

结论是如果误差能放宽的话，直线拟合与二次函数拟合都可以接受。但直线拟合更加直观，易于理解，所以在精度要求不高的场景中使用直线拟合不失为一种简单近似方法。对于直线拟合，综合如下。

$$y = \begin{cases} 0.8761x + 81.4013 & 50 < x < 200 \\ 0.3188x + 245.8767 & x \geq 200 \end{cases} \tag{5-1}$$

200 天的价格为 0. 8761×200+81. 4013 = 256. 6213，或者 0. 3188×200+245. 8767 = 309. 6367。二者之间的误差在于使用不同的直线进行拟合，如果我们使用分段函数进行拟合，效果可能会更好。

5. 3. 3　分段函数拟合期权价格

为了更加精确地描述期权价格，我们使用分段函数对期权价格进行拟合。使用 Python 自带的拟合函数 optimize. curve_fit 对期权价格进行拟合，得到的结果如下。

$$y=\begin{cases}1.1271x+56.9942 & 50<x<200\\ 0.57968229x+166.4894 & x\geqslant 200\end{cases} \tag{5-2}$$

式（5-1）和式（5-2）在形式上有所差别，当存续期 $x=200$ 时，期权价格为 282.4258。

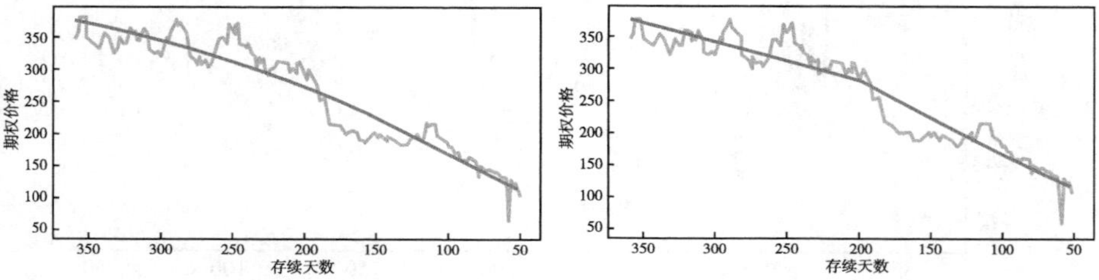

图 5.9　二阶段直线与三阶段直线拟合价格

图 5.9 的左图是二阶段直线拟合结果，右图是三阶段拟合结果，可以看出，分段函数二阶段和三阶段差别不大，所以使用二阶段直线拟合函数较为合适。图 5.10 展示了二阶段直线拟合误差的自相关性。

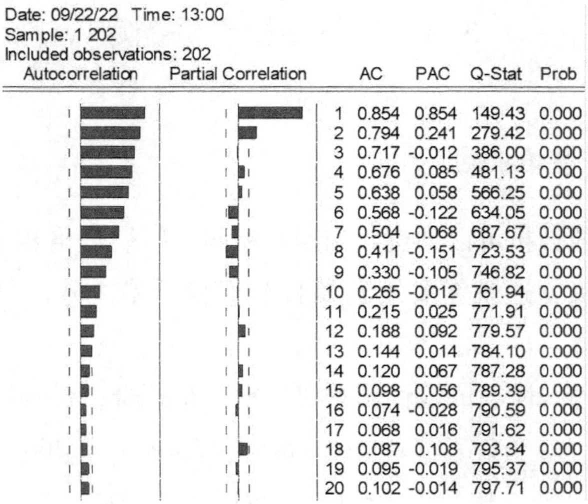

Date: 09/22/22　Time: 13:00
Sample: 1 202
Included observations: 202

	AC	PAC	Q-Stat	Prob
1	0.854	0.854	149.43	0.000
2	0.794	0.241	279.42	0.000
3	0.717	-0.012	386.00	0.000
4	0.676	0.085	481.13	0.000
5	0.638	0.058	566.25	0.000
6	0.568	-0.122	634.05	0.000
7	0.504	-0.068	687.67	0.000
8	0.411	-0.151	723.53	0.000
9	0.330	-0.105	746.82	0.000
10	0.265	-0.012	761.94	0.000
11	0.215	0.025	771.91	0.000
12	0.188	0.092	779.57	0.000
13	0.144	0.014	784.10	0.000
14	0.120	0.067	787.28	0.000
15	0.098	0.056	789.39	0.000
16	0.074	-0.028	790.59	0.000
17	0.068	0.016	791.62	0.000
18	0.087	0.108	793.34	0.000
19	0.095	-0.019	795.37	0.000
20	0.102	-0.014	797.71	0.000

图 5.10　二阶段直线拟合误差的自相关性

从图 5. 10 可以看出，误差具有自相关性，期权可能存在较长时期被低估或者高估的现象。期权价格拟合误差如图 5. 11 所示。

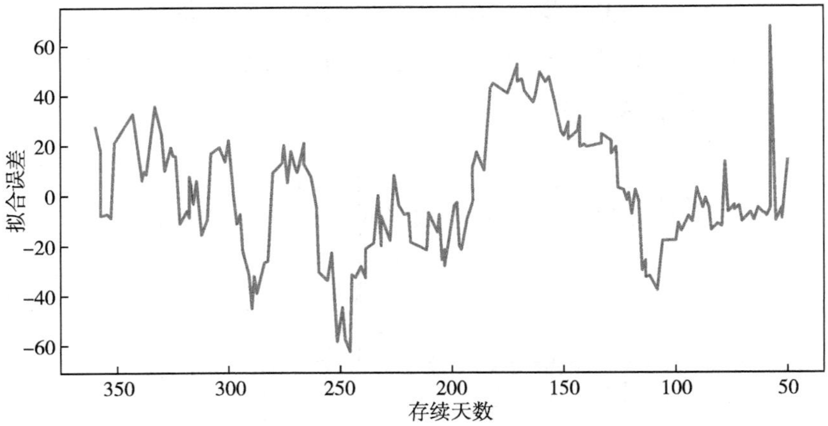

图 5. 11　期权价格拟合误差

从图 5. 11 可以看出误差还是很大的，这是因为决定期权价格的因素有很多，而且其内在机理相当复杂，而我们只考虑了存续期这一个因素，因此，即使存续期一样，期权价格也可能存在很大不同。

5. 4　平价期权价格锚定

5. 4. 1　基准曲线

由前面的分析可以知道，到期日相同、行权价格相同的期权，其价格相差很大，这就需要用到期日与行权价格之外的因素解释期权价格。

我们使用二阶段的线性函数对期权价格拟合，得到以下函数。

$$y = \begin{cases} 0.7336x + 101.5204 & 50 < x < 200 \\ 0.5475x + 138.7291 & x \geq 200 \end{cases}$$

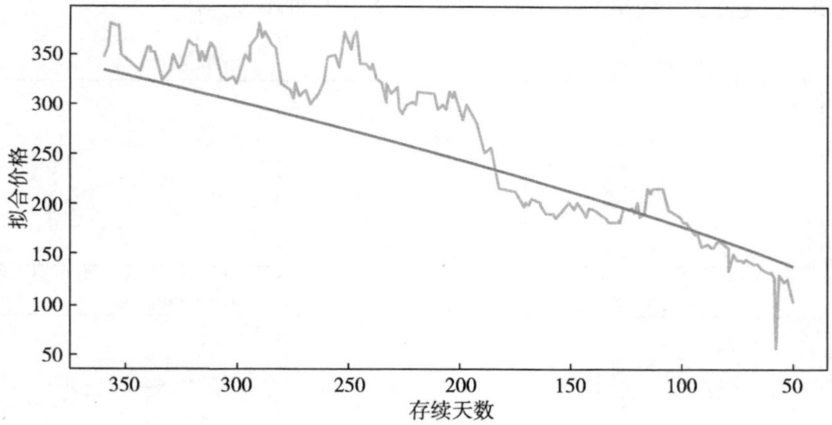

图 5.12　期权的基准曲线与拟合曲线比较

图 5.12 中，实线是根据所有平价看涨期权价格数据拟合出来的价格曲线，虚线是 IO2209 平价期权的价格曲线。相对于基准曲线，IO2209 价格拟合曲线在 185 天之前价格高于基准价格，在 200 天时价格开始调整，快速向基准曲线回归，并且一度低于基准曲线，经过盘整，最后再次向下调整，最终价格低于基准曲线。这个信息对于投资者具有很大参考价值，即标的资产价格上涨，期权价格未必会上涨。

基准曲线变动比较平缓，而 IO2209 价格变动较大，总体上围绕基准曲线运行，说明基准曲线对于期权价格具有牵制作用。此时基准曲线可以作为锚定曲线，衡量当前期权价格水平。如果偏离基准曲线过大，说明当前价格被高估，后面存在急剧回归的可能性，如果偏离基准曲线过小，说明当前价格被低估，后面存在急剧上涨的可能性。

5.4.2　基准期权比较

为考察误差，我们观察以下 4 个看涨期权的价格走势：2021 年 1 月到期的看涨期权 IO2101，2021 年 7 月到期的看涨期权 IO2107，2022 年 1 月到期的看涨期权 IO2201，2022 年 7 月到期的看涨期权

IO2207。它们与基准曲线的比较如图 5. 13 所示。

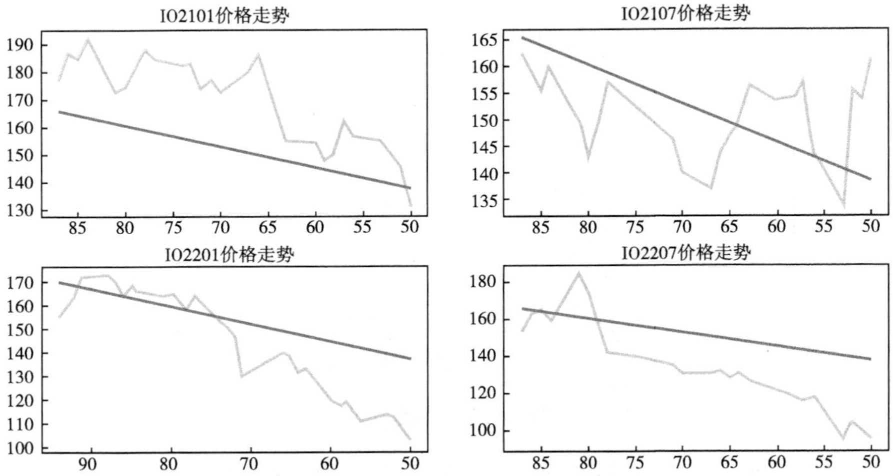

图 5. 13　期权价格走势与基准曲线比较

从图 5. 13 可以看出 IO2101 的价格运行区间一直在基准曲线之上，只是在存续期临近 50 天时开始收敛于基准曲线；IO2201 的价格刚开始时贴近基准曲线，但奇怪的是，临近 70 天时其价格开始偏离基准曲线，在 50 天时大幅低于基准曲线；IO2107 的价格大部分时间运行于基准曲线之上，然后突然持续下跌，大幅低于基准曲线，这说明市场一致看空后市；IO2207 的价格持续低于基准价格，同样反映出市场对后市行情并不乐观，且市场共识一致。

期权价格具有很大不确定性，其中既有理性因素也有非理性因素，而且价格之间差别很大，这也给期权投资带来了很大不确定性。虽然期权价格总体上围绕基准价格上下浮动，但也不排除大幅偏离基准价格的可能性，基准曲线适用于大多数情况，但是不适用于极端情况。

5.5 平价期权长假效应

接下来，我们检查长假前夕平价期权价格是否明显高于其他到期日价格。由于长假较少，每年只有春节、“五一”国际劳动节、国庆节三个长假，沪深 300 指数期权交易时间不长，故采用表格法列出长假前夕的指数数据，如表 5.5 所示。

表 5.5 沪深 300 指数平价期权长假效应

日期	到期日 1			到期日 2			到期日 3		
	存续期	插值价格	基准价格	存续期	插值价格	基准价格	存续期	插值价格	基准价格
2021 年 1 月 28 日	50	189	138	78	221	158	141	272	204
2021 年 4 月 30 日	49	129	137	77	154	158	140	196	204
2021 年 9 月 30 日	50	134	138	78	163	158	169	225	225
2022 年 2 月 10 日	64	122	148	127	170	194	218	211	258
2022 年 4 月 29 日	49	119	137	77	142	158	140	180	204

从表 5.5 可以看出，2021 年春节前插值价格远远高于基准价格，但是 2022 年春节前插值价格低于基准价格。2021 年“五一”国际劳动节前插值价格低于基准价格，2022 年“五一”国际劳动节前插值价格低于基准价格，2021 年国庆节前的插值价格和基准价格持平。统计结果显示，节前价格 1 次和基准价格相当，3 次低于基准价格，1 次显著高于基准价格。从期权价格看，似乎不存在明显的长假效应，也许需要积累一定的数据才能有所体现。

5.6 平价期权速算表

期权品种多，价格复杂，不利于投资者记忆，本部分提出一种简单有效的指标，可让投资者快速把握市场。即在基准价格的基础上利用存续天数确定期权价格，由于舍去了尾数，期权价格与基准价格之间会有 5 之内的误差。由图 5.14 可知，存续期为 30 天的平价看涨期权价格为 300。

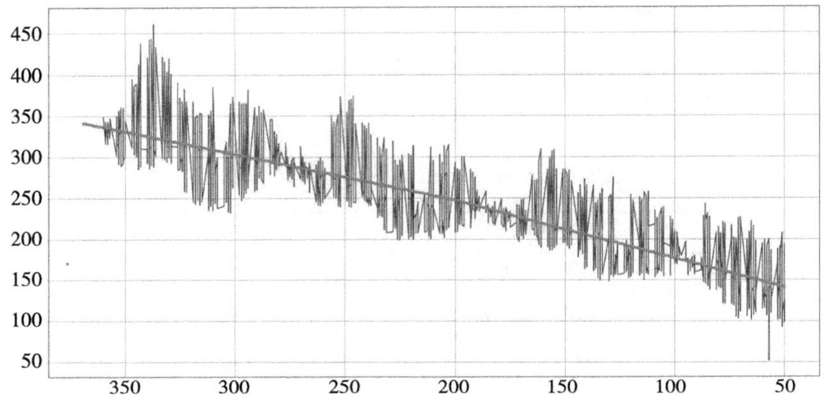

图 5.14　平价看涨期权基准曲线拟合结果

图 5.14 中的图形类似羊肉串，中间的二阶段拟合直线把期权价格串起来，期权价格分布在这条线上下。平价看涨期权价格快速估算如表 5.6 所示。

表 5.6　平价看涨期权价格快速估计

存续天数	期权价格
50	140
60	150
80	160
90	170
100	180
130	200
300	300

表 5.6 给出了不同存续期平价看涨期权价格的估算结果，存续期

为 300 天时期权基准价格是 300，此时期权价格和存续期数值相等，100 天时是 180，50 天时是 140。这样的估计结果纯粹是利用经验得出，以精度下降换取记忆方便。表 5.7 展示了 $K/S=0.98$ 时看涨期权价格快速估计结果。

表 5.7　$K/S=0.98$ 时看涨期权价格快速估计

存续天数	期权价格
50	190
60	200
80	210
90	220
100	230
130	240
300	360

根据经验，$K/S=0.98$ 时，存续期为 60 天的看涨期权价格是 200，存续期为 100 天的看涨期权价格是 230，存续期为 300 天的看涨期权价格是 360。

第 6 章

期权组合投资

6.1 期权策略

6.1.1 单腿策略

除了少数情况，投资者一般不会长期持有期权，如果对未来看好，期权投资者可以选择持有看涨期权，如果不看好未来，期权投资者可以选择持有看跌期权。投资者的期权投资策略如表 6.1 所示。

表 6.1 期权投资策略

项目	方向	策略
趋势明了	后市看涨	买入看涨期权或者卖出看跌期权
	后市看跌	卖出看涨期权或者买入看跌期权
趋势不明	后市小涨	牛市价差
	后市小跌	熊市价差
波动率交易	小波动	卖出跨式期权/宽跨式期权
	大波动	买入跨式期权/宽跨式期权

期权的优点在于高杠杆率，不同金融产品的杠杆率如表 6.2 所示。

表 6.2 个股期权、股票、上证 50ETF 期权、期货杠杆率比较

项目	个股期权	股票	上证 50ETF 期权	期货
交易标的	中国证券业协会规定的股票池	所有股票	上证 50ETF	现货
资金利用率	3~10 倍杠杆	无杠杆	较高杠杆	3~10 倍杠杆
交易场所	场外定制	场内	场内	场内
交易方式	双向交易	单向，做多	双向交易	双向交易
损益结构	非线性损益	线性损益	线性损益	线性损益
理论最大风险	多方损失权利金，空方损失全部风险敞口	损失全部资金	多方损失权利金，空方损失全部风险敞口	多方损失权利金，空方损失全部风险敞口
到期日	双方约定	永久	合约规定	合约规定

场外期权贴近市场，是应客户需求而推出的产品。其优点：一是高杠杆，放大收益；二是风险可控，收益无限；三是可应对深度波动；四是灵活，上涨、下跌、平盘都具有盈利可能性。

6.1.2 期权复制期货

除非发生意外，期权投资遵循风险收益对等原则，没有稳赚不赔的策略，期权投资也是风险与收益的置换，而且不同产品之间存在等价关系，例如，在买入一个看涨期权的同时卖出一个相同执行价格的看跌期权就可以合成期货。

在 2022 年 9 月 19 日 14 点 17 分这一时点，2022 年 10 月到期的股指期货 IF2210 价格为 3925.6 点，下月到期的期货价格为 3922.2 点。我们使用行权价格为 4000 点、2022 年 10 月到期的看涨期权和看跌期权复制期货，其中看涨期权的价格为 48.8，看跌期权的价格为 124，则其现金流如图 6.1 所示。

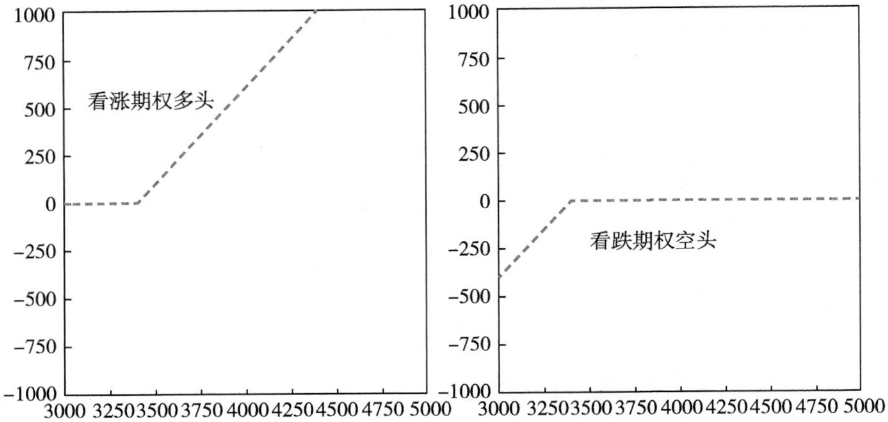

图 6.1　买入看涨期权和卖出看跌期权现金流

图 6.1 的左图展示了看涨期权多头的到期现金流，行权价格为 4000，右图展示了看跌期权空头的到期现金流，图 6.2 是两个期权合成的效果。

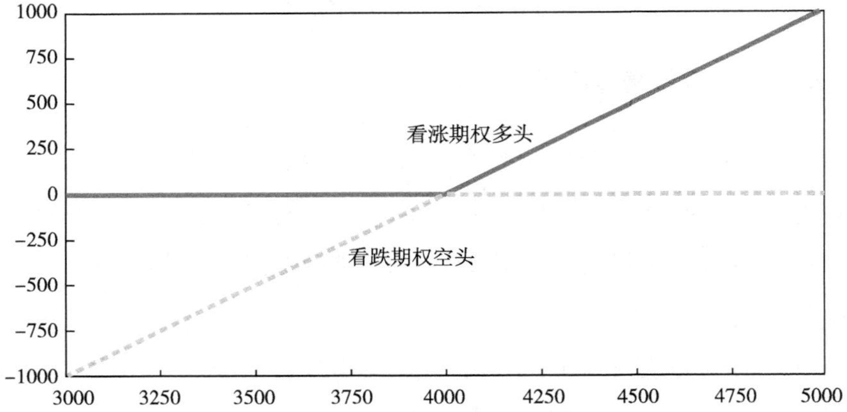

图 6.2　复制看跌期权

图 6.2 中，右上实线部分表示看涨期权的收益，左下虚线部分表示卖出看跌期权的收益。看涨期权和卖出看跌期权构成一个组合，大于 4000 点时盈利，低于 4000 点时亏损。看涨期权价格为 48.8，而卖出行权价格为 4000 点的看跌期权可收益 124，则该组合可以获得

75. 2。这个组合以 4000 点为界，相当于持有一手盈亏平衡点是 4000 点的期货，由于实现了 75. 2 的收益，实际盈亏平衡点为 4000−75. 2 = 3924. 8。这一结果与 IF2210 价格（3925. 6）十分接近，但是这个组合没有考虑保证金利息费用和手续费以及买卖价差等因素。

对于到期日相同、行权价格相同的看涨期权与看跌期权，其平价公式如下：

$$c = p + e^{-rT}(F - K)$$

其中，c 是看涨期权价格，p 是看跌期权价格，r 是无风险利率，F 是对应到期日的股指期货价格，K 是行权价格，T 是期权存续时间。当存续时间很短时，$T=0$，此时利息收入等于 0，$e^{-rT}=1$，上式可简化为如下形式。

$$F = K + c - p$$

即

$$F = c - p + K$$

表 6.3　期权复制期货盈亏平衡点

K	F	c	$-p$	$c-p$	$c-p+K$
3800	3925. 6	162. 6	−38. 8	123. 8	3923. 8
3900	3925. 6	95. 8	−70. 6	25. 2	3925. 2
4000	3925. 6	48. 6	−124. 2	−75. 6	3924. 4
4100	3925. 6	22	−197. 6	−175. 6	3924. 4
4200	3925. 6	9. 6	−284. 6	275	3925
4300	3925. 6	4. 6	−383. 8	−379. 2	3920. 8

由表 6. 3 可以看出，买入一份看涨期权同时卖出一份看跌期权，只要到期日和行权价格相同，就类似于复制一份期货。不论行权价格为多少都相当于购买了一份期货。同样，卖出一份看跌期权同时买入一份看涨期权，相当于复制了一份到期日相同的指数期货。

假设 S 为现货价格，看涨期权与看跌期权的行权价格相同，到期日也相同，现货与期权价格之间的平价公式如下。

$$c + Ke^{-rT} = p + S$$

其假设是持有一份看涨期权同时卖空一份看跌期权。到期日标的价格收敛于相应月份沪深 300 指数期货价格。

如果持有沪深 300ETF 作为现货则存在问题。根据中金所《股指期权合约交易细则》的规定，期权交割结算价格为最后交易日标的指数最后两小时算术平均价格，计算结果保留至小数点后两位。到期日如果最后两小时价格变化很大，结算价格与指数价格并不收敛。

期权为投资者提供了新的对冲工具，并创新了风险管理方法。同时，期权交易的灵活性和便利性进一步方便了投资者，降低了交易成本。相对于对冲简单、风险管理难度低的期货而言，期权具有更多优势。一是期权的资金利用率更高。期货对冲要求在价格反向变动时使用期货保证金和追加保证金通知，而在期权对冲的买方策略中，投资者只需支付溢价，资本占用量更小，杠杆率更高。二是期权的容错空间更大。期权买方策略有着不错的容错度，在资金计划完备的情况下，可以使投资者在市场不利时减少损失，甚至有很小的利润空间。

6.2 投资者犹豫期间的期权配置

6.2.1 指数期货空头加期权多头保护

期权产品的价值之一是为各类投资者找到合适的产品或者构造合适的产品。例如，投资者常常面对矛盾选择，既看空未来的行情，但是又担心看错行情导致持仓亏损。这时，有保护的看涨期权可以满足投资者的需求，行情下跌时持有空头承担亏损，可以买入看涨期权弥补损失。

为防止下跌风险，我们可以在买入标的合约多头的同时买入看跌期权，指数下跌后看跌期权行权，获得标的合约空头，与标的合约多头一起形成锁仓，便锁定了最大亏损，如果指数上涨了，看跌期权弃权，标的合约多头可以赚取上涨利润，这样的组合便是保护性看跌期权，即用看跌期权保护标的合约多头，同时不限制标的合约多头的利润。

当我们卖出指数期货合约，但是又担心未来指数大涨导致指数期货空头遭受巨大损失时，可以买入看涨期权进行保护，当指数大涨时用看涨期权的收益弥补做空期货的损失，实现减少亏损的目的。

有保护的投资者策略就是两头下注，既赌指数下跌又赌指数上涨，只不过押注的金额不一样，看跌时，押注看跌的资金多，押注看涨的资金少，综合起来还是看好未来会上涨；看涨时，押注看涨的资金多，押注看跌的资金少。

例如2022年9月30日，10月到期的股指期货为3849.2点，下月到期的期权报价如表6.4所示。

表6.4　2022年9月30日期权收盘价格

行权价格	看涨期权	看跌期权
3700	140.2	27.4
3750	100.8	42.2
3800	70.2	59.2
3850	45.6	83.8
3900	28.6	116
3950	17	159.2
4000	11	198

假如2022年9月30日投资者看空未来的收益，于是卖空沪深300指数期货IF2010，行权价格为3849.2点，同时为了防止期权价格下跌，购入一份或者多份看涨期权，行权价格为3900点，付出资金28.6元，则该组合的现金流如图6.3所示。

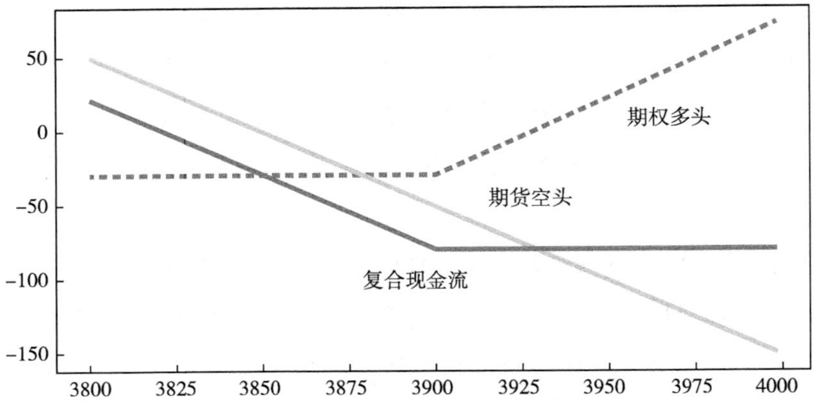

图 6.3　期货空头和期权多头组合的现金流

图 6.3 中虚线代表期权多头的到期现金流，向下倾斜的实线代表期货空头的到期现金流，复合现金流为持有期货空头与期权多头的现金流。复合现金流在 3821 点实现盈亏平衡，支付了 28.6 获得 3820.4 点的止损位。指数低于 3821 点时该组合可以获盈利，高于 3821 点时则出现亏损，最大亏损为 79.4。至于投资者选择的行权价格为 3900 点还是 4000 点取决于投资者的判断能力。保护性看涨属于被动防御，可防止指数大幅下跌，但对于指数小幅波动却无能为力。对于看涨期权的拿捏恰到好处很重要，如果投入资金过少，而指数大幅上涨，则看涨期权的 Delta 值很小，对于指数涨幅无动于衷，保护性期权名不副实；如果投入资金过多，看涨期权的 Delta 值很大，但是无奈指数波动不大，大的 Delta “英雄无用武之地”，白白浪费了时间价值。所以期权投资一是技术，二是运气，三是艺术，如同画一幅画，不像不好，太像也不好，介于像与不像之间最好。

从表 6.5 可以看出，如果看涨期权的行权价格为 4000 点，期权价格为 11，减少了 17.6，相应地，最大亏损为 161.8，其对做空股指期货的保障也降低了。投资者根据对未来的判断所采用的策略如表 6.6 所示。

表 6.5 组合到期现金流

期货价格	期权执行价格	期权价格	盈亏平衡点	最大亏损
3849.2	3900	28.6	3821	-79.4
3849.2	4000	11	4838.2	-161.8

表 6.6 期权组合策略特征

单策略	
看涨期权多头	看多后市
看涨期权空头	看空后市
看跌期权多头	看空后市
看跌期权空头	看多后市
垂直价差	
牛市价差	该头寸要求支付费用，适合牛市，亏损有限
熊市价差	获得费用，承担中等下跌风险
时间价差	不确定
波动率期权	
蝶式期权	波动较小时获得收益，波动较大时损失有限
跨式期权	波动较大时获得收益，波动较小时损失有限

6.2.2 蝶式期权组合

中金所投资门槛低，一张期权合约便宜的几十元，最贵的 10 万元，不同的期权合约会产生不同的投资盈亏。

蝶式套利是套利交易中的一种合成形式，整个套利涉及三个合约，分别为近期合约、远期合约以及更远期合约，我们分别称其为近端合约、中间合约、远端合约。蝶式套利在净头寸上没有开口，在头寸的布置上，采取 1 份近端合约：2 份中间合约：1 份远端合约的方式，其中近端、远端合约的方向一致，中间合约的方向则和它们相反。即一组交易是买近月、卖中间月、买远月；另一组交易是卖近月、买中间月、卖远月。两组交易所跨的都是三种不同的交割期，三种不同交割期的合约不仅品种相同，而且数量也相等，有所差别的仅仅是价格。正是由于不同交割月份的合约在客观上存在着价格水平的差异，而且随着市场供求关系的变动，中间交割月份的合约与两旁交割月份的合约之间还有可能会出现更大的价差。这就使套利者对蝶式套利产生了高度兴趣，即通过操作蝶式套利，利用不同交割月份合约价差的变动对冲了结，平仓获利。

蝶式价差是指买入一个行权价格较低的认购期权和一个行权价格较高的认购期权，同时卖出两个行权价格介于两者之间的认购期权。对于蝶式价差多头而言，一方面，由于现金是净流出的，为了获得更大的潜在盈亏比，自然希望支出越少越好；另一方面，由于标的价格恰好等于中间行权价格时的胜率最大，为了获得更大的胜率，自然希望标的价格尽可能接近中间行权价格。

假如 2022 年 9 月 30 日投资者看空未来的收益，于是卖空沪深 300 指数期货 IF2010，行权价格为 3849. 2 点，同时为了防止期权价格下跌，购入一份或者多份看涨期权，行权价格为 3900 点，付出资金 28. 6。

表 6. 7　2022 年 9 月 30 日期权收盘价格

行权价格	看涨期权	看跌期权
3700	140. 2	27. 4
3750	100. 8	42. 2
3800	70. 2	59. 2
3850	45. 6	83. 8
3900	28. 6	116
3950	17	159. 2
4000	11	198

利用看涨期权构造蝶式期权，其费用如表 6. 8 所示。

表 6.8 蝶式期权费用

多空	行权价格	期权价格	期权费用
1 手多头	3800	70.2	-70.2
2 手空头	3850	45.6	91.2
1 手多头	3900	28.6	-28.6
费用合计	—	—	-7.6

该蝶式期权的最大亏损是-7.4 元，最大盈利是 42.6 元，图 6.4 是蝶式期权收益曲线。

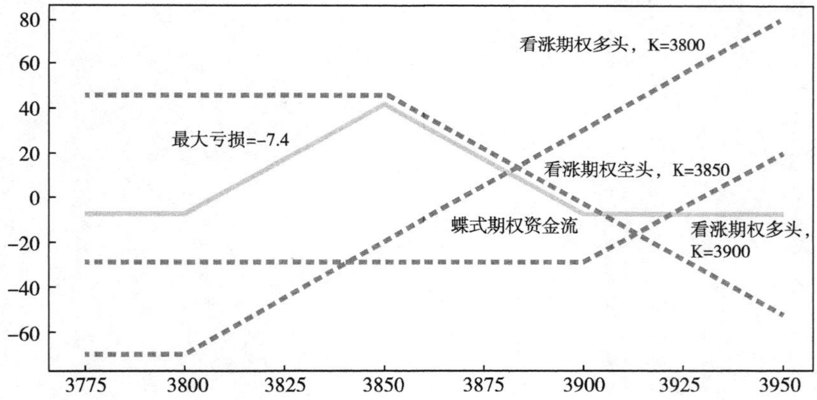

图 6.4 蝶式期权损益图

垂直套利（Vertical Spreads）也称垂直价差套利、执行价差套利，采用这种套利方法可将风险和收益限定在一定范围内。其交易方式表现为按照不同的执行价格同时买进和卖出同一合约月份的看涨期权或看跌期权，之所以被称为“垂直套利”，是因为该策略除执行价格外其余都是相同的，而执行价格和对应的权利金在期权行情表上是垂直排列的。在实践中，各种类型的期权或者期货和其他金融工具经常组合起来构造一些复杂的策略，即组成各种复杂的金融工具以满足特殊需要。其中，价差套购是经常使用的组合策略。

价差套购是同时购买一个期权和出售另一个期权，这两个期权属于同一种类型（都是看涨期权或都是看跌期权）。有许多不同类型的价差套购，其中垂直价差套购是按不同的预定价套购。因为在期权报价时，同一类型的期权是按预定价从小到大纵向排列的。

垂直价差套购中，两个期权的到期月份和标的物都是相同的。如果我们购买较低预定价的期权，并出售较高预定价的期权，这种价差套购称为垂直牛市价差套购。如果我们出售较低预定价的期权，同时购买较高预定价的期权，这种价差套购称为垂直熊市价差套购。

垂直套利主要有四种形式：牛市看涨套利、牛市看跌套利、熊市看涨套利、熊市看跌套利。

第7章

场外期权组合

7.1 场外期权

20 世纪 80 年代末，金融期权成为金融工程专业的主要学习内容。场内期权已经满足不了客户需求，于是诞生了个性化产品，主要是障碍期权和多期期权，其中多期期权是相对于单期欧式期权而言的，场内期权属于标准化期权，而场外期权多属于非标准化期权。多期期权首先是实际需要，例如，某企业有一笔 10 年期浮动利率贷款，于每年初期确定年内借款利率，如果利率发生了变化，企业不希望在利率上遭受损失，但是资金出借方也希望能设定最低利率，于是形成了利率上限与下限期权，从而提前锁定未来利率损益。

自动赎回（Autocallables）系列产品是亚太以及欧美资本市场最受欢迎的结构性产品之一，在美国、日本、新加坡等地区已占据主要份额。目前外资投行结构性投资产品类型中，自动赎回产品占比高达 60%以上。海外发行的结构性投资产品以不保本为主，且期限较长。一般来说，投资者是通过卖出形式各异的看跌期权来获得潜在的高回报。自动赎回产品每年交易量巨大，一直维持在数千亿美元规模。《欧洲货币》旗下的《结构化零售产品》某数据库显示，截至 2020 年 12 月，海外有 45000 多只与 Autocallables 类似的自动赎回型产品处于存续状态，名义本金规模高达约3620亿美元。

7.1.1 风靡香港的场外期权

2009年香港发生了一件震惊金融圈的大事，很多富豪因购买了一款外资银行发行的打折产品而遭受巨额损失，于是这些投资者在香港与内地法院起诉该外资银行。争议焦点集中在一款名叫“累计股票期权”的产品上，英文名为Accumulator，也称KODA（Knock Out Discount Accumulator）。其原理是银行折让15%，使客户低价获得股票，如果股价上涨3%~5%则该合约终止，银行按照年化15%的利率支付利息，如果股价下跌则客户必须持续以约定价格双倍购买大幅下跌的股票。KODA除了以股票作为合约标的物之外，还可以把外汇、原油期货、贵金属等作为合约标的物。遭受巨额亏损的内地富人们所购买的KODA，大多以股票为合约标的物。假设其现价为10元，银行以每股8.5元的价格卖给投资者，并约定：如果该股票的价格在未来上涨3%，那么该合约就终止，银行将付给客户一笔赔偿金，比如按合约价格乘以15%年息计算，如果该股票的价格在未来跌破8元，那么，客户须以8.5元/股的价格加倍买下该股票。KODA敲出时为庄家解套，而下跌时投资者承担所有损失，收益和风险并不对等。

KODA在国际上名声也不好，其收益封顶，损失无限，因此被视为金融鸦片，投资者提供给银行的是一个不论市价跌至多少都按行权价格加倍购买股票的权利，受害的投资者不计其数。

2008年12月2日，中信泰富公开披露的股东通函显示，过去两年中，中信泰富分别与花旗银行香港分行、渣打银行、Rabobank、NATIXIS、瑞信国际、美国银行、巴克莱银行、法国巴黎银行香港分行、摩根士丹利资本服务、汇丰银行、Calyon、德意志银行等13家银行共签下24款外汇累计期权合约，造成巨额损失。

7.1.2　雪球产品损益分析

雪球产品属于奇异期权，其条款格式与场内期权相差很远，雪球期权的条款样例如表 7.1 所示。

表 7.1　雪球期权条款样例

挂钩标的		中证 500 指数（000905）
产品期限		12 个月（在敲出观察日可能提前敲出结束）
敲出观察频率		每月
敲出收益率（红利票息）		年化 16%
敲出水平		100%
敲入水平		80%
敲出事件		若在任一敲出观察日（每月观察 1 次），挂钩标的的收盘价格大于等于敲出水平
敲入事件		若在任一敲入观察日（每日观察），挂钩标的的收盘价格小于敲入水平
投资损益	敲出（自动提前终止）	敲出收益金额：16%×名义本金×计息天数/365
	未敲入未敲出	红利收益率：16%×名义本金×计息天数/365
	敲入且未敲出	（期末价格/起初价格-1）×本金

下面分析雪球产品的损益。

方案 1：客户挂钩中证 500 雪球期权，并 100%缴纳保证金 1 亿元，券商需要买入相应数量的股票，假设平价看跌期权的 Delta 值为-0.4，假设 Delta 不随指数价格变化而变化，那么券商需要买入 4000 万元中证 500 指数现货做匹配，其余 6000 万元券商留作固定收益。如果指数价格下跌 10%，券商需要增加 400 万元的现货实现 Delta 平衡。如果价格回到了原来的价位，券商就可以卖掉 400 万元的现货，实现 Delta 平衡。400 万元的现货赚了 $400\times\frac{1}{9}=44.4$ 万元。若某雪球产品挂钩中证 500 指数，收益率为 16%，敲入点位 = 80%×

起初价格，敲出点位＝103%×起初价格，以1年期的中证500雪球产品为例，各方收益情况如表7.2所示。

表7.2 雪球产品各方收益（方案1）

标的情况	投资者	券商
短期内指数大涨，指数超出敲出点位	提前结束，投资者获得年化16%的固定收益	自身持有中证500指数现货，价值大涨
临近到期日指数大涨，指数超出敲出点位	提前结束，投资者获得年化16%的固定收益	现货组合收益低于支付给投资者的固定收益，导致亏损
指数大跌，低于敲入点位	投资者按照实际亏损结算给券商	收取损益补偿，弥补中证500指数现货亏损后的结余为收益
指数波动大，低于敲入价格后返回，但是未敲出	退还本金，不支付利息	现货低买高卖实现获利
既没有敲入也没有敲出且小幅横盘	年化16%的固定收益	现货收益不足以弥补所支付的利息，导致亏损

方案2：客户购买雪球产品1亿元，券商收到1亿元现金，并拿出0.1亿元作为期货保证金购买1年期1亿元的中证500指数期货，剩余0.9亿元获取年化5%的收益，假设当前中证500指数价格为5710点，基差为120个点。如果不考虑0.9亿元的年化收益，投资者和券商的收益情况如表7.3所示。

表7.3 雪球产品投资者和券商收益（方案2）

标的情况	投资者	券商
短期内指数大涨，指数超出敲出点位	提前结束，投资者获得年化16%的固定收益	可能因为短期基差扩大而产生亏损
临近到期日指数大涨，指数超出敲出点位	提前结束，投资者获得年化16%的固定收益	基差转换为利润
指数大跌，低于敲入点位	投资者按照实际亏损结算给券商	基差转换为利润

续表

标的情况	投资者	券商
指数波动大，低于敲入价格后返回，但是未敲出	退还本金，不支付利息	基差转换为利润
既没有敲入也没有敲出且小幅横盘	年化 16%的固定收益	基差转换为利润

注：以上损益均不含 0.9 亿元获得的固定收益。

7.1.3 敲降雪球产品

2022 年以来，中证 500 指数处于低位，市场不确定性大，雪球产品已经成为名副其实的明星金融产品。敲降雪球产品大受欢迎，主要吸引力是敲出价格逐月降低，第一个月敲出水平为 103%，第二个月敲出水平为 102.5%，往后每个月敲出水平下降 0.5 个百分点，直到敲出水平为 100.5%。这样越到后面，越容易敲出，投资者享受固定收益的可能性不断降低。敲降雪球产品与经典雪球产品的条款比较如表 7.4 所示。

表 7.4 降敲雪球产品与经典雪球产品的条款比较

项目	降敲雪球产品条款	经典雪球产品条款
挂钩标的	中证 500 指数	中证 500 指数
产品期限	12 个月	12 个月
票息	18%（年化）	20%（年化）
期初价格	6000 点	6000 点
敲出价格	第一个月 103%，第二个月 102.5%，后面每个月下降 0.5 个百分点，直至到期	6180 点（103%×期初价格）
敲入价格	4800 点	4800 点
敲出观察频率	每月观察一次	每月观察一次

7.1.4 雪球产品条款

雪球产品属于奇异期权，发行时的时间价值最大，其价值在于能满足不同客户的风险需求，条款设计都是为了吸引客户或者专为客户定制的。雪球产品是一种收益凭证，其产品形态兼具固收特点，风险与股票或者指数挂钩，带有对赌条款，旨在在震荡市场环境下获得收益。2021 年 2 月，机构抱团，市场情绪高涨，投资者对于未来看涨，雪球产品销售额大涨；2021 年 8 月，指数下跌，市场震荡区间减少，预期收益下降，雪球产品销售遇冷。市场上有两种雪球产品，一种是小雪球，另一种是大雪球，小雪球保本，大雪球不保本，但大雪球的销售额远远超过小雪球，通常所说的雪球产品是指大雪球。雪球产品的基本条款包括以下几方面。

（1）标的：指数、股票、股票组合。

（2）固定收益率：年化 16%~30%，票息与标的、敲入价格、敲出价格、时间有关。

（3）敲入条款：定期观察标的价格，一旦标的价格低于敲入价格，触发敲入事件，合约权利义务生效，此时投资者开始承担标的价格变动风险，若产品到期时价格未能敲出，投资者需要承担标的价格变动引起的亏损，有时亏损较大。

（4）敲出条款：定期观察标的价格，若标的价格高出敲出价格，触发敲出事件，合约权利义务终止。

（5）观察日：分为敲入观察日与敲出观察日。根据约定日期，若约定价格满足敲入价格，合约生效；若约定价格满足敲出价格，合约失效。敲出价格观察频率为每两月一次，敲入价格观察频率为每天。

（6）存续期限：12 个月或者 24 个月。

（7）本金约定：100 万元。

未来场景分为下面四类。

A：没有触发敲入与敲出。在存续期内，挂钩指数一直处在敲入价格与敲出价格之间；在到期日，投资者根据合约获得事先约定的固定收益。

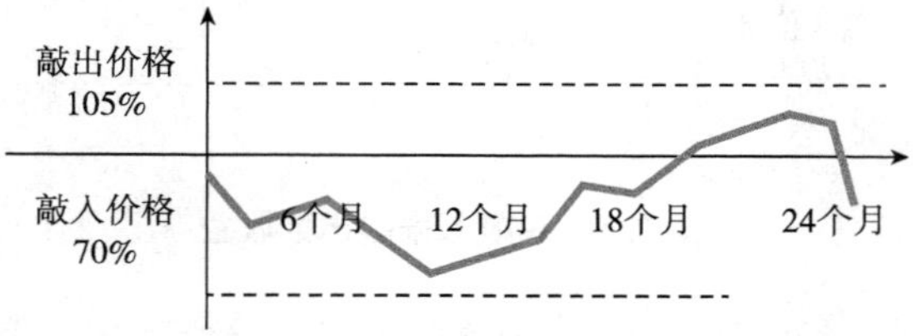

图 7.1　没有触发敲入与敲出

B：只触发敲出。挂钩指数在存续期内提前到达敲出价格，产品提前结束，按照本金支付约定利息，产品合约终止。

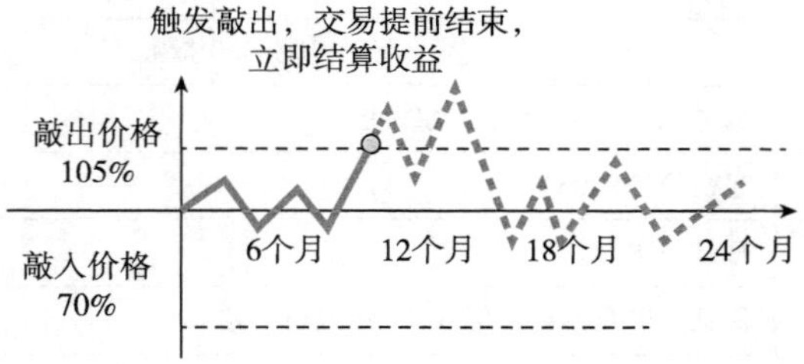

图 7.2　只触发敲出的收益

C：只触发敲入没有触发敲出。挂钩指数跌破敲入价格，固定收益消失，最后一个交易日的价格大于期初价格，投资者拿回本金。

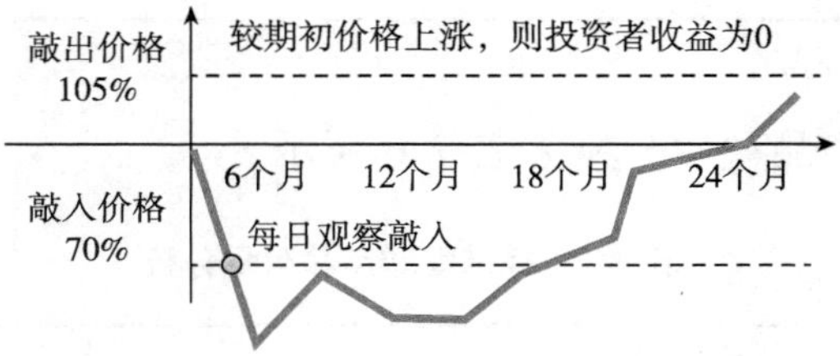

图 7.3　只触发敲入没有触发敲出的收益

D：只敲入未敲出。挂钩指数跌破敲入价格，固定收益消失，最后一个交易日的价格小于期初价格，投资者按实际亏损结算。

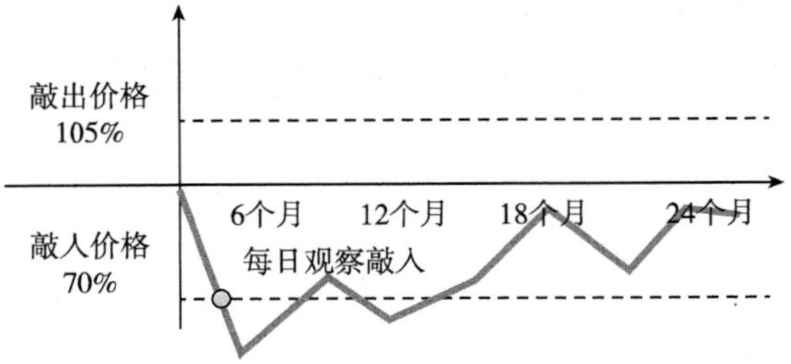

图 7.4　只敲入未敲出的收益

从上面的收益可以看出只有情形 D 会导致亏损，最差也相当于购买了一份指数基金，收益根据挂钩指数的涨跌幅计算。表 7.5 是雪球产品的条款样例。

表 7.5　雪球期权条款样例

挂钩标的	中证 500 指数
产品期限	12 个月，合约敲出自动终止
敲出价格	起初价格×105%
敲出观察频率	每月一次
敲出观察条款	任意敲出观察日，标的价格>敲出价格
敲入条款	起初价格×70%
敲入观察频率	每日
敲入观察条款	任意敲入观察日，标的价格<敲入价格
或有票息（年化）	15%
保证金	名义本金的 30%～100%

标准雪球产品盈亏分析如表 7.6 所示。

表 7.6　标准雪球产品盈亏分析

是否经历敲入	是否经历敲出	说明	收益
否	否	—	获得 15%的年化收益
否	是	提前结束合约	获得 15%的年化收益
是	是	提前结束合约	获得 15%的年化收益

续表

是否经历敲入	是否经历敲出	说明	收益
是	否	当前指数>初期指数	0
是	否	当前指数<初期指数	按实际亏损结算

年化 15%的雪球产品本质是投资者卖出看跌期权，期权费不一次性支付给客户，而是包装成分期利息，让客户以为是固定收益产品。实际上是投资者出售一份看跌期权，当价格下跌时，客户必须按照约定价格收购可能大幅下跌的股票。

情形 1：对于一个平价期权，当前股价为 10 元，投资者支付 0. 5 元的定金，未来可以 10 元每股的价格买入 1 份股票，如果未来股价上涨到 12 元，投资者将获得 2 元的收益；如果股价下跌，投资者将丧失 0. 5 元的定金。

情形 2：对于 105 期权，当前价格同样为 10 元，但是投资者未来应以 10. 5 元的价格买入 1 份股票，如果价格上涨到 12 元，投资者将获得 1. 5 元的收益。如果 105 期权的价格为 0. 5 元，肯定没有投资者购买，但是如果价格降到 0. 3 元，很多人就会动心。

2022 年 9 月，投资者积极购买 105 期权合约。当时指数行情大幅下行，中小盘个股平均跌幅接近 5%，此时低价购入 105 期权合约。未来指数如果快速反弹，回到下跌前的价格水平，105 期权合约将触发敲出条件，期权合约提前结束，根据合约条款，投资者将获得较高水平的固定利息。

7.2 雪球产品风险分析

7.2.1 中证 500 波动性检验

雪球产品本质是带有上下障碍的奇异期权，设有敲入与敲出条款，投资者购买雪球产品相当于发行了一份看跌期权，本质上是客户向券商发行了一份带有触发条件的障碍期权，这是一款高票息低保本的产品。之所以称为雪球，是取雪球越滚越大的吉祥之意，只要标的指数不发生大的变动，持有者就可以获得到期固定收益。

雪球产品的现金流具有个性化，没有精确的定价公式。本部分采用蒙特卡罗方法模拟基础资产走势，拟合出的任何一条路径都代表标的资产的一种未来价格走势，从而确定未来收益。利用蒙特卡罗方法会模拟出多条路径，获得多种现金流，对这些现金流进行统计就可以算出收益分布，进一步绘制出收益率曲线。

我们选择的时间段是 2020 年 1 月 3 日到 2022 年 2 月 18 日，中证 500 指数和收益率走势如图 7.5 所示。

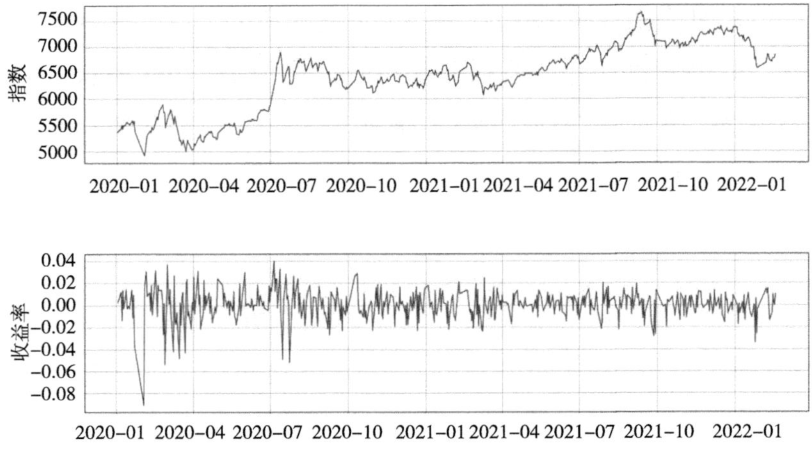

图 7.5 中证 500 指数及收益率走势

下面考虑中证 500 指数 GARCH 模型检验，我们选用的是 GARCH（1，1）模型，检验结果如图 7.6 所示。

Dependent Variable: RET
Method: ML ARCH - Normal distribution (BFGS / Marquardt steps)
Date: 10/13/22 Time: 13:41
Sample: 1/03/2020 2/18/2022
Included observations: 514
Convergence achieved after 20 iterations
Coefficient covariance computed using outer product of gradients
Presample variance: backcast (parameter = 0.7)
GARCH = C(2) + C(3)*RESID(-1)^2 + C(4)*GARCH(-1)

Variable	Coefficient	Std. Error	z-Statistic	Prob.
C	0.000584	0.000518	1.127239	0.2596
		Variance Equation		
C	8.09E-06	2.98E-06	2.711881	0.0067
RESID(-1)^2	0.164591	0.017940	9.174596	0.0000
GARCH(-1)	0.800482	0.026500	30.20643	0.0000

R-squared	-0.000072	Mean dependent var	0.000471
Adjusted R-squared	-0.000072	S.D. dependent var	0.013331
S.E. of regression	0.013332	Akaike info criterion	-5.957209
Sum squared resid	0.091175	Schwarz criterion	-5.924196
Log likelihood	1535.003	Hannan-Quinn criter.	-5.944270
Durbin-Watson stat	1.970304		

图 7.6　中证 500 指数 GARCH（1，1）模型检验结果

从图 7.6 中可以得到中证 500 指数价格走势的均值方程和方差方程。均值方程如下：

$$r_t = 0.000584 + \in_t$$

方差方程如下：

$$\sigma_t^2 = 0.00000809 + 0.164591 \in_{t-1}^2 + 0.800482\sigma_{t-1}^2$$

下面我们使用蒙特卡罗方法拟合不同场景下的中证 500 指数走势，简单起见，我们简化了雪球产品条款，如表 7.7 所示。

表 7.7　雪球产品核心条款

挂钩标的	中证 500 指数
产品期限	365 天
敲出价格	起初价格×103%
敲出观察频率	每日
敲入条款	起初价格×70%

续表

敲入观察频率	每日
或有票息（年化）	16%
保证金	100%

7.2.2 雪球产品蒙特卡罗模拟

我们利用 GARCH（1，1）模型对未来一年的中证 500 指数价格进行蒙特卡罗模拟，在此过程中不改变中证 500 指数的波动率方程，只改变均值方程，调整了参数设置。每种场景模拟 200 次，其路径如图 7.7 所示。

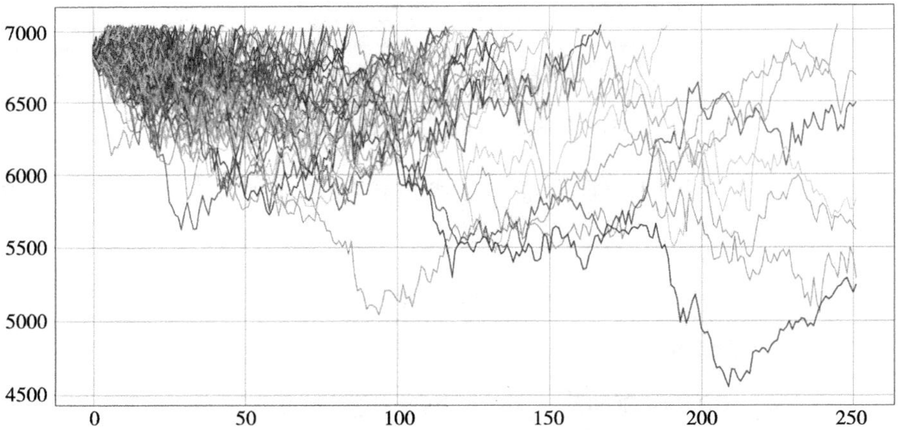

图 7.7 蒙特卡罗模拟下未来一年的中证 500 指数价格走势（Mu=0.000584）

从图 7.7 可以看出，开始时路径非常密集，而且大多路径很快就敲出了，亏损都集中在后面。我们更改了 GARCH（1，1）模型中的均值参数，其他参数保持不变，并以此模拟中证 500 指数价格走势，统计结果如表 7.8 所示。

表 7.8 蒙特卡罗模拟下雪球产品盈亏分析

模型参数	提前结束	亏损次数	模拟次数	最大亏损	起始价格	预期价格
Mu = 0. 001168	199	1	200	−1635. 21	6835. 02	9174. 20
Mu = 0. 000584	197	3	200	−3227. 64	6835. 02	7918. 70
Mu = − 0. 000584	171	29	200	−4133. 33	6835. 02	5899. 64
Mu = −0. 000876	152	48	200	−4339. 77	6835. 02	5481. 10
Mu = −0. 001168	142	58	200	−4516. 79	6835. 02	5092. 26

从表 7.8 可以看出，雪球产品对于客户具有一定保护作用，大多数客户都提前结束合约并获得盈利，只有极少数情况下股价大幅下跌，导致客户亏损。

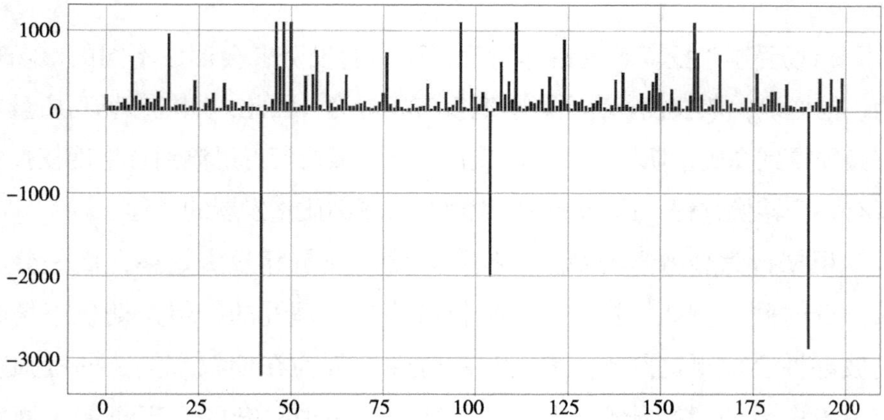

图 7.8 蒙特卡罗模拟下雪球产品的收益（Mu = 0. 000584）

从图 7.8 可以看出，大多数产品都获得了盈利，只有少数产品出现了巨大亏损。雪球产品购买者要么频繁获利要么承受巨大亏损，或者说用少数人的亏损换取大多数人的固定收益，其收益特征和彩票刚好相反。

第 8 章

行为金融与投资

8.1 行为投资综述

市场受制于投资者的集体行为，而不同投资者会形成不同的市场行为，同样地，期权投资者会影响期权市场行为，因此，期权市场高质量发展必须得到高质量期权投资者的支持。从一般投资者过渡到合格期权投资者有一个转换过程，这个转换过程也是市场高质量发展的过程。

根据行为金融学的观点，投资理性并非贯穿投资始终，而是分场景、分时间，例如投资者进入期权市场前是理性的，但是期权市场的高波动性会使得这些投资者变得不理性，因为在期权市场上的亏损唤起了投资者的“赌徒心态”。投资过程是一种复杂的心理机制，激发赌性的一般是过度自信，而投资者在潜意识中相信富贵险中求，即追求风险与收益不匹配。

8.1.1 行为金融学综述

传统金融学是建立在一价定律基础上的，一旦出现价格偏差，市场就启动套利机制纠正这些偏差，直至偏差消失。20 世纪 70 年代，Daniel Kahnman 和 Amos Tversky 开始系统地从心理学角度研究金融学，开创了行为金融学科，他们认为金融学从根本上说属于社会科学，社会科学研究的是与人相关的社会运行规律，而金融市场买什么、卖什么都是人作出的决策，金融学当然应该从人出发来研究问题。2002年，Daniel Kahnman获得了诺贝尔经济学奖，可惜Amos Tversky英年早逝，错过了这份荣耀。

行为金融最早能追溯到法国著名社会心理学家Gustave le Bon在1896年出版的《乌合之众：大众心理的研究》一书，该书很好地刻画了群体行为特征。1912年Selden在《股票市场心理学》中提到股票价格波动很大一部分是受到了投资者情绪影响。美国心理学家Leon Festinger在1956年提出了认知失调说，以其描述同一时刻有两种自相矛盾的想法，从而产生一种不舒适的紧张状态。例如，你买了一只你朋友极度看好的股票，但你内心里并不觉得这只股票有多好，从而产生了一种不舒适的感觉，这就是认知失调。

著名心理学家Tversky和Kahneman在1973年第一次提出可获得性启发，指出人们在很多时候只是简单依据他们的已有信息作出决策，而不是寻找其他相关信息。1974年，Tversky和Kahneman又提出了代表性启发和锚定效应。

经常会有部分投资者在买了几次期权但没有赚到钱后，心里就会产生困惑，觉得还是卖期权赚钱，之后这些投资者开始不断卖期权，而很少考虑价格的合理性，或许在很长一段时间内他们是赚钱的，即使赔钱也赔的不多，于是这些投资者认为其找到了一条发财的捷径，越卖越多，但如果发生一次黑天鹅事件，可能就会把之前卖期权赚的钱全都赔进去。有人可能会说黑天鹅事件是偶然的，然而纵观整个金融史，几乎每一两年都会有一次黑天鹅事件出现。

8.1.2 投资中的达克效应

1999年，大卫·邓宁（David Dunning）和贾斯廷·克鲁格（Justin Kruger）做了一个著名的心理学实验：他们先让受试者完成“四卡片选择作业”以区分出受试者在逻辑推理能力上的差异，然后选取一半的受试者进行逻辑推理能力的训练，而另外一半则在相同时间内完成一些无关任务。最后，邓宁和克鲁格要求受试者评价自己的逻辑推理能力并预测答对题目的数量及百分位排名。结论是逻辑推理能力最差的受试者对自己的能力排名估计过高，甚至超过了平均水平，而那些逻辑推理能力最好的受试者则低估了自己的能力排名。

简言之，邓宁—克鲁格效应（达克效应）指的是能力欠缺的人在自己欠考虑的决定的基础上得出错误结论，而且无法正确认识到自身的不足和辨别错误行为，属于一种认知偏差现象。

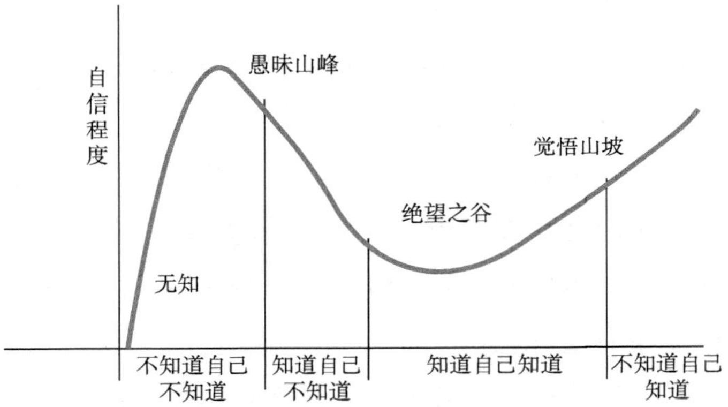

图 8.1　达克效应图

从达克效应图可以看出，投资者并不是理性的。行为金融学研究发现了很多非理性行为，其中导致投资者出现偏差的原因包括认识过程非客观、决策过程非理性、系统性偏差。

8.1.3　投资过程中的马太效应

马太效应就是强者恒强。市场总是低成本运行，而发现优质股票需要付出搜寻成本，如同一场赌博，结果未卜。投资者往往会猜测市场的热点，但是决定市场热点的因素有很多，发现下一阶段的热点并不容易。但为了减少搜寻成本，紧跟当前市场热点成为必然选择。市场热点也是众多投资者的共同认识。更多的投资者和资金投入热点，导致热点向沸点转化。热点的形成有其合理性，如光伏、新能源汽车、锂电池都是市场长久不衰的热点，得到反复炒作。中国百年变局就是产业变局，产业升级给证券市场提供了很多热点，这些热点构成了中国经济发展的主线。其背后就是资金配置，发挥市场引导作用，提升国家的经济实力。投资收益的一部分就是追逐热点的收益。

热点都具有两面性，也容易被误导，最明显的就是短线资金进入市场。资金主体对短期收益十分渴望，从而追逐热点，都希望建造一个空中楼阁，但这个楼阁的地基必须是扎实的。然而，随着建造大军的加入，蓝图不断被更改，通天塔的高度不断被刷新，市场就成了"大跃进"，每天都在建成新的高度，但地基强度无法支撑投资者设定的高度，市场就变成了猜谜——猜测通天塔可能的高度，通天塔倒塌的悲剧就出现了。

资本市场可以承担高于银行的风险，勇于为各种风险埋单，但前提是市场是公平与公正的；资本市场也可以容忍挖坑行为，但是大面积的挖坑势必会影响资本市场的资金忍耐限度，导致市场发生局部坍塌，良性资金离场。

行政干预对于市场来说是一个挑战，在政府干预下建立证券市场是一个难度非常大的挑战，因为市场天然依附于健全的司法体系。

人类具有追逐热点的天性，英国南海泡沫、荷兰郁金香泡沫、东印度公司都说明了投资者的疯狂。现在，通过研究报告吸引市场注意力，利用热点围猎投资者已经成为一个产业，但是对于这一产业的运作我们还知之甚少，在此情况下，市场有效性被破坏，所以指标可能失效。

同时赌博也是人的天性之一，希望快速致富，加之当前战争、自然灾害都没有大规模发生，政府对于各种风险严加管制，所以环境中的风险大大减少。很多人生活在一个具有安全感的环境中，对未来充满乐观，并把这种乐观带到了证券市场中，就会产生认知偏差，表现之一就是低估风险。

8.2 投资者行为问卷调查

期权投资者的行为取决于其对于风险的态度。张树德（2006）设计了关于我国证券市场投资者的调查问卷。结果显示，投资者对于市场普遍持有悲观情绪，61%的被调查者认为中国市场没有长期投资价值，28%的被调查者认为中国市场具有长期投资价值，另有11%的被调查者表示不清楚。但调查也发现了矛盾的一面，22%的被调查者选择投资ST股票。在问及投资亏损的原因时，42%的被调查者认为是大市不好，16%的投资者归因于政策面，23%的被调查者选择其他原因，只有19%的被调查者承认是自己的原因。对于投资计划性，58%的被调查者没有明确的计划性，42%的被调查者有计划。

根据消费资产定价理论，消费是投资者需要考虑的重要因素，证券投资的目的就是要平滑未来的消费。根据该理论，能够对冲未来消费风险的股票将取得更高的溢价。本书针对该问题设计了问卷，共有4个问题，前面两个问题考察投资者在选择股票时会不会把消费当成重要原因，如果不是的话，则询问主要因素是什么。这两个问题直接对投资者决策进行调查，因为影响投资者决策的因素最有可能会对股价产生影响。通过这两个问题也可以了解消费是不是影响投资者决策的重要依据。后面两个问题考察如果投资者不把消费看作投资决策时的重要因素，那么消费的作用到底有多大，以及消费影响投资的渠道。

当被问到选择股票时会不会考虑将来个人及家庭收入减少时，用股票的收益进行弥补，12%的被调查者表示会考虑，88%的被调查者则表示不会考虑，说明投资者在选择股票时并不会考虑消费因素，因此把消费作为股票市场定价的主要依据并不能得到微观的支持。结合前面提到的，当被问到投资者选择股票的依据时，36%的被调查者选择能不能马上涨上去，43%的被调查者选择能不能将来涨上去，11%的被调查者选择个人兴趣，10%的被调查者选择其他因素，这说明股票短期表现是投资者最看重的因素。这一结果与前面提到的我国投资者具有很大的投机性相吻合。当被问到决定用多少钱买卖股票时是否应该考虑将来消费时，73%的被调查者选择是，27%的被调查者选择不是。这说明投资者在决定投入多少资金进入股市时的确考虑了消费，消费影响了风险资金的投入比例。

调查发现我国投资者以短线操作为主，短线投机在股民中普遍存在。当被问到多长时间买卖一次股票时，1 周以内的占 7%，一个月以内的占 28%，3 个月以内的占 32%。这里还不包含股市长期低迷时投资者被套而被迫长期投资的那部分。

当被问到如果出现直觉，是否会凭直觉买卖股票时，78%的被调查者回答会，22%的被调查者回答不会，这说明投资者缺乏正确的投资理念作为指导，十分依赖感觉。结合前面的 56%被调查者发现操作错误时会马上卖掉股票，说明投资者的买卖转换比较频繁。当被问到操作心态是否重要时，91%的被调查者认为操作心态重要，仅有 9%的被调查者选择不重要。可以想象在频繁的进进出出中，投资者会感到股票市场变幻莫测，大量的实证表明股票市场短期走势是随机的，理论收益近乎为零，如果扣除手续费等交易成本，实际收益就是负数，因此投资者需要面对巨大的心理压力，虚火上升，操作心态就显得非常重要了。

实验表明我国投资者具有风险厌恶特点，对损失的厌恶超过了收益，而且投资者存在过度自信、过度交易现象，以及框定现象。由于背景不同，同一个问题对投资者的影响也是不同的，投资者的偏好并不是无矛盾的。值得注意的是，投资者心理账户现象在我国投资者身上并不明显。同时，调查结果表明我国投资者的电影票账户与现金账户并不存在很大的差别。原因可能在于国外的调查对象是普通人群，而本书的调查对象是证券投资者。投资者相对于一般人群更经常计算投资损益，也会从投资角度看待生活中的各项开支，因此会把所有心理账户都归结到投资账户，这导致各个心理账户效应差别并不明显。

中国证券业协会 2007 年的投资者问卷调查结果表明，证券市场个人投资者的年龄大都在 33 岁到 54 岁之间。值得注意的是，70%的投资者股票资产占到金融资产的 1/3，其中 13.4%的投资者全部金融资产都在股市上，8.3%的投资者存在借贷现象。52%的个人投资者是 2000 年以后进入股市的，其中 2006 年以后入市的新投资者占 23%，同时个人投资者月均收入在 5000 元以下，由此可知，的确有很多新增资金进入市场。

8.3 高波动性下的情绪管理

期权既是风险管理工具，也是风险放大器，市场上的微小变化都会引起期权市场的巨大波动，金融衍生品在提供风险管理工具的同时，也成为投机风险的源头。1996 年股市大幅上涨，从年初的 512 点上涨到 1510 点，涨幅为 195%，但蕴含了大量的泡沫，特别是在资金的推动下，低价股票轮番暴涨，投机炒作日盛。1996 年 12 月 16 日《人民日报》发表社论，指出股票价格已经出现泡沫，结合此前的国家政策，股市连续三天大跌。表 8.1 对证券市场大幅下跌做了统计。

表 8.1 证券市场大幅下跌统计

日期	下跌原因
1996 年 12 月 16 日	人民日报社论引发股市大跌
1997 年 5 月到 1998 年 5 月	国家严禁三类企业入市

续表

日期	下跌原因
1999 年 6 月到 2000 年 1 月	股市暴涨后回调
2001 年 6 月到 2002 年 1 月	国有股减持方案出台
2007 年 10 月到 2008 年 9 月	中国蓝筹泡沫，美国房地产杠杆导致次贷危机
2015 年 6 月到 2016 年 2 月	清查股市杠杆融资
2018 年 2 月到 12 月	中美贸易摩擦
2021 年 2 月到 2022 年 4 月	中美贸易摩擦、俄乌冲突、经济萧条

中国证券市场大起大落给投资者带来了巨大的风险，而期权本质上是一种对资产的保护，所以投资者购买期权产品对冲市场风险是非常有价值的。

2021 年，我国学者利用上海证券交易所的数据进行了研究，发现 A 股的生态圈呈现出小散大亏、大散小亏、机构赚钱的投资回报特点。其背后的原因主要在于，与机构投资者相比，个人投资者特别是缺乏投资经验的投资者往往更容易被一些无关紧要的信息迷惑，其投资决策被与估值或者公司基本面没有关系的噪音所影响，对于市场中真正有用的信息关注不足，任由各类认知偏差驱动自己的投资行为，导致投资业绩不尽如人意。

大样本研究发现，投资者普遍存在过度交易的倾向，并且越交易越亏钱。他们还基于性别做了区分，发现男性往往比女性更加热衷于交易，但业绩却相对逊于女性。大量事实证明，过度自信会导致过度交易，而过度交易对我们的财富有害，投资者应该管理好自己的情绪。

附　录

投资者问卷调查

1. 性别（　　）。

A. 男　　B. 女

2. 年龄（　　）。

A. 小于等于 30 岁　B. 30~40 岁　C. 40 岁（含）以上

3. 行业：__________。

4. 是否投资股票？（　　）。

A. 是　　B. 否

5. 您认为中国股市可以做长线吗？（　　）。

A. 可以　B. 不可以　C. 不知道

6. 股市规范了，您会做长线吗？（　　）

A. 会　B. 不会　C. 到时候再说

7. 您买卖一次的股票时间间隔有多长？（　　）

A. 一周　B. 一个月　C. 两个月　D. 长期

8. 您认为股评准确吗？（　　）

A. 准确　B. 不准确　C. 说不清

9. 您投资 ST 股票吗？（　　）

A. 投资　　B. 不投资

10. 上市公司的财务报表有用吗？（　　）

A. 有用　　B. 无用　　C. 说不清

11. 您看得懂上市公司的财务报表吗？（　　）

A. 能看懂　　B. 看不懂

12. 掷一枚硬币，结果正面朝上，则下一次的结果是（　　）。

A. 正面　　B. 反面　　C. 一半对一半

13. 今年损失 100 元，明年损失 110 元，您会选择（　　）。

A. 今年　　B. 明年

14. 今年损失 100 元，明年损失 120 元，您会选择（　　）。

A. 今年　　B. 明年

15. 今年损失 100 元，明年损失 130 元，您会选择（　　）。

A. 今年　　B. 明年

16. 今年获利 100 元，明年获利 110 元，您会选择（　　）。

A. 今年　　B. 明年

17. 今年获利 100 元，明年获利 120 元，您会选择（　　）。

A. 今年　　B. 明年

18. 今年获利 100 元，明年获利 130 元，您会选择（　　）。

A. 今年　　B. 明年

19. 假如手术有 99%的成功率，您会去做吗？（　　）

A. 会　　B. 不会

20. 您已经赢了 30 元，之后还有一个游戏：50%的概率赢取 9 元，50%的概率输掉 9 元，你会（　　）。

A. 接受　　B. 不接受

21. 您已经得到 30 元，请在下面的选项中选择（　　）。

A. 33%的概率得到 30 元　　B. 67%的概率得到 0

C. 100%的概率得到 10 元

22. 您已经输掉 30 元，请在下面的选项中选择（　　）。

A. 33%的概率得到 30 元　　B. 67%的概率得到 0

C. 100%的概率得到 10 元

23. 您已经用 150 元购买了一场音乐会的门票，但当您到达音乐厅时，发现门票不见了，而售票处还在出售门票，你会不会再买一张？（　　）

A. 会　　B. 不会

24. 您已经预订了一张 150 元的音乐会门票，但取票途中丢了 150 元，你会不会再购买？（　　）

A. 会　　B. 不会

25. 技术分析重要吗？（　　）

A. 重要　　B. 不重要　　C. 说不清

26. 您买卖股票时事先有详细的操作计划吗？（　　）

A. 有　　B. 没有

27. 当你发现买入错误时，你会（　　）。

A. 马上卖出　　B. 观望

28. 您认为操作失误的主要原因在于（　　）。

A. 能力　　B. 大市不好

C. 政策面　　D. 其他原因

29. 您认为投资股市是接受一种圈套吗？（　　）

A. 是　　B. 否　　C. 说不清

30. 如果一切可以重来，您还会做股票吗？（　　）

A. 会　　B. 不会

31. 您选择股票的主要依据是（　　）。

A. 能不能马上涨上去　　B. 能不能将来涨上去

C. 个人兴趣　　D. 其他

32. 在买卖股票时，您会不会按照“将来个人及家庭收入减少

时，用股票的收益进行弥补”的方法来选股？（　　）

A. 按照　　B. 不按照

33. 您认为买卖股票时应该考虑个人的消费吗？（　　）

A. 应该　　B. 不应该

34. 您认为股票下一阶段的走势是（　　）。

A. 小涨　　B. 中涨　　C. 大涨　　D. 小跌

E. 中跌　　F. 大跌　　G. 盘整

35. 您认为在决定用多少钱买卖股票时应该考虑（　　）。

A. 将来的消费　　B. 现在的消费

36. 您认为投资股票心态重要吗？（　　）

A. 重要　　B. 不重要

37. 您手中的股票刚卖掉就涨起来了，此时会不会马上买入？（　　）

A. 会　　B. 不会

38. 如果没有马上买入，以后还会买入吗？（　　）

A. 会　　B. 不会

39. 您认为您的消息准确吗？（　　）

A. 准确　　B. 基本准确　　C. 不准确

40. 股市的涨跌主要依靠（　　）。

A. 自身规律　　B. 宏观经济　　C. 庄家炒作

41. 如果股票带量突破前期密集成交区，成交量急剧放大，应该（　　）。

A. 买　　B. 卖

42. 买卖股票下单时的一瞬间出现了直觉，您会（　　）。

A. 按直觉办　　B. 不按直觉办

43. 哪些人会影响您买卖股票的决策？（　　）

A. 爱人　　B. 朋友

C. 其他　　　　　　　　　　　　D. 没有人

他们的意见一般对吗？（　　）

A. 对　　　　B. 错　　　　C. 说不清

您经常跟谁讨论股票？（　　）

A. 没有人　　B. 朋友　　C. 家人　　D. 其他

您认为谁对您的影响最大？（　　）

A. 没有人　　B. 朋友　　C. 家人　　D. 其他

44. 您认为“富贵险中求”这句话对证券投资适合吗？（　　）

A. 对　　B. 有点对　　C. 说不准　　D. 不对

45. 您平均每周用于研究股市的时间是__________小时，用于研究债市的时间是__________小时。

46. 您投资股票与储蓄（债券）的金额之比是________。

47. 您用在股票上的精力与用在债券上的精力之比是________。

参考文献

[1] 蔡向辉．股指期货到期日效应研究综述 [J]．金融发展研究，2010 (4).

[2] 崔晓健，邢精平．韩国指数期权发展经验与启示 [J]．深交所，2007 (10).

[3] 顾京，叶德磊．股指期货到期日效应在中国存在吗?[J]．金融发展研究，2011 (10).

[4] 郭大朋，陈丽，殷思宇，黄海荣．我国股指期货到期日效应的实证研究 [J]．时代金融，2013 (5).

[5] 何汕媛．我国股指期货到期日效应实证检验 [J]．时代金融，2012 (4).

[6] 李刚，范为．认购权证负溢价现象和隐含波动率研究 [J]．运筹与管理，2008，17 (6).

[7] 倪中新，郭婧，王琳玉．上证50ETF期权隐含波动率微笑形态的风险信息容量研究 [J]．财经研究，2020，46 (4).

[8] 李琼，肖祖沔．我国股票现货市场股指期货到期日效应研究——基于沪深300股票指数的实证分析 [J]．经济评论，2015 (3).

[9] 林祥友，代宏霞，甘雨婕．证券市场星期五和股指期货到期日的日历效应研究 [J]．贵州财经大学学报，2015 (5).

[10] 罗坚．50ETF期权套利机会分析 [J]．金融经济，2019

(2): 118-119.

[11] 浦江燕，刘旸，张胜良. Delta套期保值在期权风险管理中的应用 [J]. 中国证券期货，2017 (1): 36-44.

[12] 杨朝军，张志鹏，廖士光. 证券市场流动性综合测度指标研究 [J]. 上海交通大学学报，2008 (11).

[13] 张进. 九十年代期权理论与实践的新发展——多时期期权与变异期权 [J]. 上海金融，1997 (6).

[14] 中国证券业协会，中国证券投资者保护基金有限责任公司.《中国证券市场投资者问卷调查》分析报告 [N]. 上海证券报，2007-08-03.

[15] 张爱玲，吴冲锋. 隐含波动率微分算法的改进——波动率表面模型 [J]. 上海交通大学学报，2007，41 (12).

[16] 张树德. 我国证券市场投资者行为实证研究 [J]. 东北财经大学学报，2007 (1): 18-21.

[17] 张树德. 对冲基金的定义与分类 [J]. 财会月刊（理论版)，2008 (12): 29-31.

[18] 张树德. 从麦道夫案看对冲基金的监管 [J]. 财会月刊（理论版)，2009 (11): 68-69.

[19] Brenner Menachem, Galai Dan. New Financial Instruments for Hedging Changes in Volatility [J]. *Financial Analysts Journal*, 1989, 45 (4).

[20] Burghardt, Galen, and Morton Lane. How to Tell if Options are Cheap [J]. *The Journal of Portfolio Management*, 1990, 16 (2): 72-78.

[21] Chamberlain, T. W., C. S. Cheung, C. Y. C. Kwan, C. Clarence. Expiration-day Effects of Index Futures and Options: Some Canadian Evidence [J]. *Financial Analysts Journal*, 1989, 45 (5).

[22] Flaming Jeff, Barbara Ostdiek, and Robert E. Whaley. Predicting Stock Market Volatility a New Measure [J]. *Journal of Futures Markets*, 1995, 15 (3): 265-302.

[23] Illueca M, Lafuente J A. New Evidence on Expiration-day Effects Using Realized Volatility: An Intraday Analysis for the Spanish Stock Exchange [J]. *The Journal of Futures Market*, 2006, 26 (9): 923-938.

[24] Pan J, Poteshman A M. The Information in Option Volume for Future Stock Prices [J]. *The Review of Financial Studies*, 2006, 19 (3): 871-908.

[25] Samuelson, P. Proof that Properly Anticipated Prices Fluctuate Randomly [J]. *Industrial Management Review*, 1965, 6 (2): 41- 49.

[26] Stoll, H. R., and R. E. Whaley. Expiration Day Effects of Index Options and Futures [M]. New York University: Monograph Series in Finance and Economics, 1986.

[27] Stoll, H. R., and R. E. Whaley. Program Trading and Expiration-day Effects [J]. *Financial Analysts Journal*, 1987 (43).

[28] Stoll, H. R., and R. E. Whaley. Expiration-day Effects: What has Changed? [J]. *Financial Analysts Journal*, 1991 (47).

[29] Whaley, R. E. Derivatives on Market Vilatility: Hedging Tools Long Overdue [J]. *Journal of Derivattives*, 1993 (1): 71-84.